緒方貞子——
難民支援の現場から

東野 真
Higashino Makoto

a pilot of wisdom

目次

本書に寄せて

国連難民高等弁務官としての私の一〇年間と、その後のアフガニスタン復興支援などの活動について、ＮＨＫの東野真さんが一冊の本にまとめて下さることになりました。この本には、過去三年間に数回行われた私への長時間インタビューと独自の取材の成果がまとめられています。

私が難民高等弁務官をつとめた冷戦後の一〇年は、旧ユーゴスラビアなどにおける大規模な紛争や、それにともなう人道的な危機が繰り返された時期でした。その余波はいまも続いており、世界中で多くの人々が苦しんでいます。世界はまだ平和からほど遠い状況です。

こうした困難な状況のなかで、私や同僚たちがどのような決断を下していったのか。そのプロセスについて多くの関係者に取材し、他では得ることのできない証言を引き出して記録したところに、本書の大きな価値があると思います。

最後に収録していただいた講演は、四年前にワシントンで行ったものです。やや時期が古くなると思いましたが、あらためて読み返してみても内容的に大きく外れてはいないと感じましたので、掲載のご要望に応じることにいたしました。この講演を行ったときに比べて、アメリカや日本の「内向き志向」はさらに強まっていると感じます。日米関係は、危険な時期に入ったのかもしれません。しかし、日本はアジアの経済大国として、今後とも健全な国際主義を堅持しなければなりません。世界の平和は、受け身で行動しているだけでは得られないのです。

この歴史の転機にあって、本書をお読み下さるみなさまが世界と日本の将来を考えるための何かのヒントを得られるならば、私にとっても望外の喜びです。

二〇〇三年四月末日

緒方貞子

本書で使用する統計上の数字は、特に断りのないかぎり、UNHCRジュネーブ本部のウェブサイト、および『世界難民白書 2000　人道行動の50年史』（時事通信社　二〇〇一年）から採った。

序章　怒りを原動力にして

UNHCR / U. Meissner

「緒方さんの行動のもとになっているエネルギーは何でしょうか？」

「何だか知りませんけれどもね……」

数秒の沈黙のあと、緒方さんは続けた。

「怒りかもしれないですね。何かうまくいかないと、がっかりするよりも怒りが出てくるんですよね。何とかしたいと、こんなことは受け入れられませんと。それはいろいろな形でひどくなったかもしれませんね。これは承知できませんという気持ちですよね」

「それはやっぱり人権とかそういうことに照らしてという……」

「そんなに難しい話じゃないんです。何かに照らすんじゃなくて、実態がということです。この一〇年で私、癇癪《かんしゃく》もちになったのかもしれないけれども」

そう言うと、厳しかった緒方さんの表情が不意に緩み、笑顔になった。


欧州国連本部など多くの国際機関が集まるスイス・ジュネーブの一角に、ＵＮＨＣＲ（国連難民高等弁務官事務所）の本部ビルがある。一九九五年に新築されたばかりの瀟洒《しょうしゃ》で近代的なビルだ。中央に巨大な吹き抜けがあり、透明な天井からは陽光がビル全体に降り注ぐ。まるでどこかのリゾートホテルかと思われるような洗練されたオフィスである。ここが世界の難民支援のいわば司令塔だ。

私たちがここを初めて訪れたのは、緒方さんの任期が終わりに近づいた二〇〇〇年一〇月のことだった。国連難民高等弁務官として活躍した緒方貞子さんの一〇年間を記録するドキュメンタリーを制作するのが目的だった。

いま世界は史上空前の大量難民時代を迎えている。その数はおよそ二〇〇〇万人（二〇〇二年一月一日現在）。これは、オーストラリア一国の人口に匹敵する数字である。

冷戦終結後、世界中で噴き出した民族対立や内戦は、現代史上類例のない困難な難民問題をつくり出してきた。クルド、ボスニア、ルワンダ、チェチェン、コソボ、東ティモール、アフガニスタンなど、数え上げればきりがない。その多くは国家間の戦争ではなく、国内紛争に起因するものである。民族や宗教の対立から生まれた紛争は、隣人同士の凄惨《せいさん》な殺し合いを生み出し、多くの人々を「強いられた移動」（forced displacement）に駆り立てた。国境すら越えられずに苦しむ人々も多い。冷戦が終わったとき、誰がこれほど悲惨な未来を思い描いただろうか。

この未曾有《みぞう》の一〇年、難民を支援する国連機関のトップ・国連難民高等弁務官をつとめてきたのが、緒方貞子さんである。緒方さんは、これまでの常識をうち破って、新しい難民支援の枠組みをつくりあげた。その卓越した手腕と見識は海外で高く評価されている。日本国内では、アフガニスタン支援政府代表となってからむしろ有名になった感があるが、海外での名声は過去一〇年のたゆみない活動から生まれたものである。

ジュネーブで取材中、UNHCRの執行理事会に集まった各国の大使にインタビューを求めると、先進国・途上国を問わず緒方さんの退任を惜しむ声が返ってきた。わざわざカメラの近くに来て自分も何か話したいという人もいる。ふつうの取材では経験しないことだ。

アフリカ・ウガンダの難民担当大臣はこう言った。

「任期中に三一回もアフリカを訪れた高等弁務官が過去にいたでしょうか。後任の人がこの記録を破ってくれることを願っています。緒方さんは、たとえ政治的問題であっても、難民の命がかかっていると知ると躊躇《ちゅうちょ》なく大胆に交渉する人でした。私たちにとって、緒方さんはいつも『そこにいた』のです」

いつも、そこにいた。それはまさに、難民高等弁務官としての緒方さんの姿勢そのものを表す言葉である。

緒方さんに聞いてみたいことはたくさんあった。私たちは事前に一〇時間分のインタビューを申し込んだが、許可されたのは四時間、しかも四回に分けて二、三週間おきに一時間ずつという形だった。それでも破格の条件であるという。もう少しだけ、と食い下がる私たちにアシスタントの女性が説明してくれた日程表は、世界のフィールドを飛び回るスケジュールでびっしりと埋まっていた。

インタビューの場所は、建物の最上階にある執務室の隣の応接室。一〇月九日、ベージュ色の上品なスーツを身にまとった緒方さんは時間どおりに現れた。取材の意図を説明し、撮影への協力をお願いすると緒方さんはこう言った。

「よく記者の方に頼まれるんですよ、エプロンを着けて台所に立っている姿を写真に撮りたいって。そういうのはすべてお断りしているんです。でも仕事のことはお話ししますから、何でも聞いてください。事前に項目をいただければ、少し調べて記憶を整理しますから。私だけでなく、ほかのスタッフからもよく話を聞いてください」

分刻みのスケジュールをこなす緒方さんの言葉には無駄がなく、それでいて冷静だった。取材の質を見定めるような厳しさも感じられた。

私たちはプライベートな取材を行わないことを約束し、彼女の一〇年間について順を追って尋ねていった。冒頭の場面は、こうして実現したインタビューの四回目、緒方さんの退任直前の一二月のときのものである。

怒りが原動力であるという緒方さんの言葉は、強烈な印象となって私の中に残った。

慈善活動や人道援助を行う女性に対して、私たちはややもすると「慈母」的なイメージを抱きがちである。緒方さんによく冠せられる「難民の母」という言葉は、そのことをよく表している。べつにそれが間違っているわけではない。緒方さんの人柄を問われて、「細やかな心配り」を挙げる人も多い。しかし、緒方さんのインタビューをしていて私がむしろ感じたのは、問題を解決しようとする強靭《きょうじん》な意志と仕事に対する厳しさ、そして卓越した分析力と創造性であった。緒方さんを知る職員の一人は、「緒方さんは危機になればなるほど強くなる」と言った。どんな緊急事態に陥っても、諦めずに新しいアイデアを出し、指示を飛ばすのだという。そうした彼女の行動を支えてきた原動力は、現場を歩くことから生まれる「怒り」なのだ。

緒方さんは言う。

「慈善援助といっても、かわいそうだからしてあげるというんじゃない。やっぱり尊敬すべき人間なんですから、その人間の尊厳というものを全うするために、あらゆることをして守らなきゃいけないという考え方です。なんだか、かわいそうだから物をあげればいいと、そういう問題じゃないということです。その人たちの側に立って、あらゆる基本的な阻害要因というものを排除していく。排除していく過程ではいろんなパートナーが必要になってくるわけですよね、政治的な訴えも必要だし、政治的な解決も必要だし、軍事的な支援も必要かもしれない。あるいは法的な原則に基づいて主張しなければならない場合もあるかもしれない。時によって、どこかへ避難させなきゃならないかもしれないしと、いろんな手当てがあるわけです。そういう複雑な諸要因をまとめこんだ解決案というものが必要になってくるのです」

私たちはその後、関係者への取材を重ね、二〇〇一年一月二〇日にNHKスペシャル「難民と歩んだ10年～緒方貞子・国連難民高等弁務官～」という番組にまとめて放送した。番組は幸い多くの反響を呼び、のちに英語版も制作された。NHKは同年一〇月、アメリカ・ニューヨークで国連報道賞最優秀賞をいただくことになった。

「高等弁務官を辞めたら、しばらくのんびり暮らします」と言っていた緒方さんは、日本に一時帰国した後、回顧録を執筆するためアメリカ・ニューヨークに渡った。そこで起きたのが、九月一一日の同時多発テロ事件だった。

事件からまもない一〇月三日、私たちはニューヨークで再び緒方さんと向き合っていた。この事件を彼女がどう見ているか、知りたかったのである。任期中に解決できなかった問題としてアフガニスタン難民に特別の思い入れがあった緒方さんは、軍事報復だけでは解決にならないことを熱っぽく語った。その内容は、ETV2001「テロはなぜ生まれるのか　緒方貞子ニューヨークで語る」というタイトルで同月二二日に放送された。

やがて緒方さんは、アフガニスタン支援日本政府代表に就任、国際政治の現場へと立ち戻った。これを受け、私たちは同年末の一二月二一日「人間の安全保障委員会」の会議に合わせて帰国した緒方さんに、さらなるインタビューを行った（インタビュアーは、「クローズアップ現代」の国谷裕子《くにやひろこ》キャスター）。その内容は、翌年一月八日にETV2002「テロ後　世界はどこへ向かうのか　第2回　アフガン復興への道」と題して放送された。

本書は、前記三本の番組をベースに、番組では使わなかったインタビューも大幅に織り込んで、新たに書き下ろしたものである。さらに本書の執筆中、アメリカがイラクのフセイン政権を武力で打倒するという事態が起きた。このため、バグダッド陥落後の二〇〇三年四月二二日、ニューヨークの緒方さんに追加インタビューを行い、この戦争のもつ意味や影響について尋ねた。その内容も終章に取り入れるようにした。

もとより筆者は、難民問題を専門に追ってきたジャーナリストではなく、紛争や難民救済の現場について自らの取材に基づくリポートをする資格はない。むしろ本書では、インタビューで紡ぎ出された緒方さんの肉声を、語り口をなるべく変えずに数多く収録するようにつとめた。また、緒方さんを支えた側近や関係者へのインタビューも可能なかぎり盛り込んだ。こうした作業を通じて、これまであまり報道されなかった緒方像を提示しようと試みたつもりである。

いったいわれわれはどのような時代に生きているのか。緒方さんの声に耳を傾けることは、この難問を考えるうえで最も信頼できる指針の一つを手に入れることだと私は思う。取材の中で私が感じた興奮や刺激を読者にも共有していただければ幸いである。

第一章　国連難民高等弁務官への道

UNHCR / E. Brissaud

難民との出会い

「私が初めて難民に出会ったときの話をしましょうか。

一九七九年に、カンボジア難民がタイ国境に流出しましたね。私はそのころニューヨークの国連代表の公使をして、辞めて日本へ帰ってきたときだったんですけども。突如、外務省から電話があって、『難民調査に日本から調査団を出すので、その団長として行ってほしい』ということで、初めて難民に出会ったんですね。

タイ、カンボジア国境にいる非常にたくさんの難民。私は、生まれてからあんなにたくさんの難民の姿を見たことがない。難民に出会ったこともないし、ああいう多数の人間が国境を越えて、自分たちの運命がどうなるかわからないというような状況を見たこともなかったんです。その後、日本も何か貢献したいということで、医療団を出すとか、いろんな工夫をいたしましたけどね。

それだけが、私がほんとに難民に出会った経験です。それから一〇年間、日本の『国際貢献』ということでは、いろんなことを考えたり提案したりしたことはありましたけど、難民に出会うことはなかったんです。そして、国連難民高等弁務官事務所についての政府間の話し合いとか、そういうこともしたことがなかったんです」

よく「緒方さんはなぜ国連難民高等弁務官に選ばれたのか」という質問をされることがある。緒方さん自身、自分はもともと難民問題の専門家ではなく、国連機関の中で働いたこともなかったとインタビューで答えている。たしかに経歴を見ると、直接の接点は、インドシナ難民救済視察団の団長をつとめたことくらいしか見あたらない。本来の職業は国際政治学者。学者出身というのは、歴代の高等弁務官の中で異色の存在であることもたしかだ。しかし、六三歳で就任するまでの道のりをたどれば、それが決して唐突なものでも不自然なものでもないことがわかる。

本章ではまず、緒方さんが難民高等弁務官に就任するまでの経歴を簡単にたどっていくことにしたい。彼女の経歴について最も詳細に書かれた文献は、作家・上坂冬子氏による「現場に立つのは『今しか、ない』」(『南の島のマリア』文藝春秋、および『時代に挑戦した女たち』文春文庫に収録)である。より詳しく知りたい方は併せて読まれることをお勧めする。

外交官と政治家の家系

緒方(旧姓・中村)貞子さんは、一九二七(昭和二)年九月一六日、東京で生まれた。父は、元フィンランド公使の中村豊一《とよいち》、母方の祖父は元外務大臣の芳沢謙吉である。芳沢の義父すなわち緒方さんの曾祖父は、首相をつとめた犬養毅《いぬかいつよし》。つまり、緒方さんは外交官と政治家の両方の家系に属していることになる。こうした家庭環境は、彼女の現在を考えるうえで興味深いものだ。自由を尊ぶ家風の中で、幼いころから日本語同様に英語を学んだ緒方さんは、政治や国際問題が家の中で語られるのを自然に聞いて育ったという。

父の仕事のため、三歳のとき家族とともに渡米。サンフランシスコやポートランドなどアメリカ西海岸で五年間、ついで広東や香港など中国で三年間を過ごし、小学五年のときに帰国した。いわゆる「帰国子女」である。帰国後は、聖心女子学院に入学し、敗戦まで日本で過ごしている。子供のころから負けず嫌いで活発な少女だった。加えて、自然に人の上に立つようなカリスマ性があったと友人の一人は言う。

緒方さんをよく知るＵＮＨＣＲの日本人女性職員もこう語った。

「やはり、どこか品格が違うんですよ。どこの国のトップや元首と会ってもまったく臆《おく》するところがない。同格なのです。堂々と交渉する。それでいて日本人女性らしい細やかな心遣いも忘れない。これで相手は引き込まれてしまうのです」

アメリカに滞在していた幼少期、その後の彼女に一つの大きな影響を与える事件が起きている。一九三二年五月一五日、曾祖父の犬養毅首相が、軍部に暗殺されたのである。この「五・

一五事件」で軍部が急速に台頭、昭和初期の政党政治は終わりを告げ、日本は戦争への道を転がり落ちていくことになる。緒方さんはこのとき四歳。直接の記憶はないと言うが、祖母から当時の政治状況をよく聞かされて育ったという。祖父の芳沢謙吉は、このとき外相をつとめ、前年に起きた満州事変の処理に苦慮していた。

のちに講演の中で緒方さんはこう語っている。

「二つの大戦の間、家族は軍国主義に傾倒していく母国日本に批判的であり、それが私に大きな影響を与えました。その姿勢は、特に、曾祖父の犬養毅首相が軍部によって一九三二年に暗殺されてから一層強くなりました」（一九九九年、ワシントンでの講演。全文を巻末に収録）

このことは、のちに緒方さんが昭和初期の日本の政治・外交に強い関心を抱くきっかけになっている。

終戦後は聖心女子大学に入学、英文学を専攻した。この時期にカトリックの洗礼も受けている。テニス部でも活躍した。現在も日本女子テニス連盟の名誉会員で、テニスの腕前には定評がある。余談になるが、UNHCR時代に開かれていた「緒方杯」という職員のテニス大会で、いつも優勝していたのは緒方さん自身だったというエピソードがある。三〇代の職員が、当時六〇代の彼女にかなわないのだ。緒方さんの年齢離れした体力を語るときに、持ち出される逸話である。

アメリカ留学と政治学

一九五一年、ロータリークラブの奨学金を得た緒方さんは、二三歳で単身アメリカに渡り、ワシントンにあるジョージタウン大学の大学院に入学した。ここで国際関係論を学び、五三年に修士号を取得する。在学中には、藤原道子参議院議員の渡米に同行し、ルーズベルト元大統領夫人などとの対談の通訳をつとめたこともあった。

「日本は自己を破滅へ導くような膨張政策をなぜとらなければならなかったのか」。これが、学問上の主たる関心事だった。戦後世代の多くの研究者がそうであったように、第二次大戦の原因を考えることが、学者としてのスタートだったのである。

理論だけでなく、その裏付けとなる歴史の知識を学びたいと考えた緒方さんは、帰国して東京大学の岡義武教授のゼミで、特別研究生として近代日本の政治外交史を学んだ。

五六年、再び渡米。カリフォルニア大学バークレー校で、ロバート・スカラピノ教授の助手をつとめる傍ら、政治学原論・国際関係論等を学び、二年後、博士論文を準備するため帰国した。

二度のアメリカ留学は、どんな影響を彼女に与えたのだろうか。再び前記の講演から引こう。

「日本からアメリカに来た私を迎えたのは、オープンな環境や寛容な人々、自由闊達《かったつ》な学究的環境でした。アメリカは世界を率いる力があり、またそれがアメリカに課せられた責務であるという確信が高まっていく時代の空気を肌で感じました。非常にオープンで、真の国際的精神が漂っていました。多くの教授や学生が移民であったり、中には難民までもいました（一九五六年のハンガリー動乱がアメリカのキャンパスにも大きな衝撃を与えたことを、いまでも覚えています）。私のような日本人学生にとっては、アメリカの力、民主主義、そして技術的進歩の源泉に身をおき、彼らから学べることは、胸が躍るような体験でした」

アメリカ、ジョージタウン大学留学中（1949–52）
ハンター・ガスリー大学総長と
写真協力： Georgetown University Archives

帰国してからは、論文のテーマを満州事変をめぐる政策決定過程に絞り込み、研究と執筆に没頭する。旧軍人や外務省から新たな史料を入手し、関係者へのヒアリングを重ねた。こうして完成した論文はカリフォルニア大学に提出され、一九六三年に政治学の博士号が授与された。論文はその価値を認められ、翌年ただちに同大学から出版されている。邦訳のタイトルは『満州事変と政策の形成過程』。二年遅れで日本でも刊行された。

この時期、私生活上も大きな変化があった。岡義武ゼミの同窓で、日本銀行に勤めていた緒方四十郎氏との結婚である。結婚は一九六〇年、二人は同い年の三三歳だった。当時としては晩婚といえるかもしれない。四十郎氏の父は、自由党総裁で吉田内閣の副総理をつとめた緒方竹虎。名家同士の結婚と見えるが、見合いではなく、熱烈な恋愛結婚だったそうである。四十郎氏は、のちに日本銀行理事や日本開発銀行副総裁をつとめ、国際派の金融マンとして知られている。

夫妻はやがて一男一女に恵まれ、四十郎氏の転勤にともなって大阪、イギリス、アメリカでの暮らしを経験した。一九六五年、再び帰国したのち緒方さんは、国際基督教大学と母校の聖心女子大学の非常勤講師に就任。子育てと両親の世話をしながら、外交史や国際関係論の研究活動を続けることになった。さらに七四年には、国際基督教大学準教授となった。

女性初の国連公使

国連との関わりが生まれるのは一九六八年の夏。四一歳のときのことである。

国際基督教大学非常勤講師として政治学の授業をする。1966年
写真協力：国際基督教大学

市川房枝氏（当時、参議院議員）の誘いで、ニューヨークで開かれた第二三回国連総会に政府代表団の一人として参加することになったのである。女性の地位向上に尽力したことで知られる市川氏は、国連総会に女性の代表を送ることに熱意をもっており、緒方さんを熱心に誘った。緒方さんは家族の応援を得て、日頃から興味のあった国連で三カ月を過ごした。これがきっかけとなり、国連との関わりは次第に密になっていく。

一九六八年に続き、その後もたびたび国連総会に出席。そして、七五年の末に日本政府から国連代表部公使への就任を要請される。七五年は国際婦人年であり、政府としても格好の人事だったのだろう。緒方さんはこれを承諾、国際基督教大学を休職して公使の仕事に専念することになった。日本としては、女性初の国連公使である。七八年には、同代表部特命全権公使に就任。さらに国連児童基金（UNICEF《ユニセフ》）執行理事会議長を兼任した。八二年からは、国連人権委員会の日本政府代表もつとめている。

一九七九年、国連公使の任期を終えてニューヨークから戻った緒方さんに、インドシナ難民視察団の団長就任が依頼された。カンボジアからタイ国境へ逃れ出た人やベトナムから海路流出した難民が「ボート・ピープル」という名称で大きな問題となっていた時期である。冒頭に記したとおり、これが緒方さんにとっての「難民」との出会いとなった。

調査から帰国したのち、八〇年に上智大学教授に就任。八七年から同大学国際関係研究所長、八九年からは外国語学部長をつとめた。外交史の分野では『戦後日中・米中関係』（東京大学出版会　一九九二年）などの著書もあるが、特にこの時期から人道問題との関わりが強くなってくる。国際人道問題独立委員会副議長など、学外の団体や政府系の委員会での仕事も増えていった。

外交史・国際関係論から人道問題へ。インドシナ難民との邂逅《かいこう》が人生を変える大きな転機になったのだろうか。

「そんなことはないでしょう。一つじゃなくて、さまざまな転機があって、人間というのは成長していくんだと思いますよ。私の最大の関心は政治ですよ。国際政治ですよ。人道問題というものと政治の絡みですよね。

人道問題に関心が向かったのは、もともと何か『素地』があったんじゃなくて『状況』じゃないんでしょうかね。私はそういう状況に置かれたから、関心が増えたんだと思いますよ。私は国連人権委員会の日本政府代表もしましたからね。

人権の議論というのは抽象的なんですよ。けれども、自分の権利がほんとに侵されて、いろいろな問題が起こってくると、それが実体化するんですね、やっぱり。人道論でもそうじゃないでしょうかね。責任をもたされれば『人道』の実態に触れていくわけですよね。もとは学者であり政府代表であったんだけれども、実態に触れられたということが私にとっては非常にありがたい経験だったと思いますし、それで理解は深まったんだと思います。

九〇年に、ビルマ（現在のミャンマー）に国連人権委員会の特別報告者ということで行きまして交渉をしているときに、前の難民高等弁務官が急に辞められたという話を聞きました。それが自分に関係があるとは、そのときも考えなかったんですけれども」

難民高等弁務官へ

「それで日本へ帰って……ちょうど陛下が即位されたときですね……国連のデクエヤル事務総長がみえたり、各国の方々が来られたときに、『次の難民高等弁務官の候補になったらどうか』という話が外務省からありました。それまで国連機関には勤めたこともありませんでしたから、『いったいどんなことだろうな』と思いながら、『そういうふうな話になったときは考えましょう』程度にお話を聞いていたんですけどね。だんだんそれが現実になってしまって、最後の候補者の一人になって、事務総長から電話をいただいたときは、まさかこんなに一〇年間も難民高等弁務官の仕事をすることになるとは考えもしなかったんです。

こちらにまいりましたのが一九九一年の二月。大学におりましたから、学位論文だとか試験の採点などを済ませて大急ぎでここへまいりまして、いろいろ勉強を始めました。楽観していたんでしょうね、多少。そんなにいい時代が来るとまでは思わなかったかもしれませんけど、こんなに難しい仕事が降ってくるとは思っていませんでした。知っていたら、なったかどうかわかりませんし（笑）。それは、多少は難民キャンプに行くかもしれないとは思いましたけど。

私の前任者が急に辞めたものですから、残任期間が三年だったんですね。その間なんとか、やれることはやってみようという程度のことで来たわけです」

緒方さんを迎えるUNHCRの職員たちはどんな気持ちだったのだろうか。

のちに官房長として緒方さんを支えることになるソーレン・ジェッセン＝ピーターセンはこう回想する。

「正直に言うと、緒方さんのことを知っている人はとても少なかったですね。むろん経歴は理解できましたが、緒方さんは国際的にはそんなに有名ではありませんでした。どんな人なんだろう、UNHCRに何をもたらすのだろう、という不安感のほうがあったと思います。私にはたくさんの日本人の友人がいるし、妻も日本人ですから、緒方さんのことはたくさん耳にしていたし、予想もできました。しかし、大多数の人たちは……UNHCR内部だけでなく、各国政府でさえも……緒方さんがどんな人だかまったく知らなかったと思います」

実は、緒方さんが就任する前のUNHCRは組織としてかなりひどい状態にあった。二代前の高等弁務官ジャン＝ピエール・オッケは、スキャンダルにまみれて辞任。後任のトールバル・ストルテンベルグも、一年もたたないうちにノルウェーの外相に転任して組織を去った。職員の士気は落ち、財政状態も破綻の危機に瀕していた。緒方さんが選ばれたのは、日本からの資金援助に期待したからだろう、という陰口がきかれるほどの状態だったのである。

ＵＮＨＣＲとは

ところで、ＵＮＨＣＲ（国連難民高等弁務官事務所）とはどんな組織なのだろうか。

武力紛争などの人災あるいは自然災害などにより被害を受けた犠牲者の命を保護し、生活を支援することを広く人道援助（humanitarian assistance）と呼んでいる。国連児童基金（ＵＮＩＣＥＦ）、世界食糧計画（ＷＦＰ）、国連開発計画（ＵＮＤＰ）などの国連機関に加えて、民間の赤十字国際委員会（ＩＣＲＣ）や多数のＮＧＯがこうした活動に従事している。政治的対立に巻き込まれることなく中立・公平の原則に徹し、暴力や人権侵害から被災者を保護することがその任務である。ＵＮＨＣＲもそうした国連人道機関の一つで、特に自国を追われた人々＝難民の保護と救済を専門的に扱う責務が与えられている。

難民問題の歴史は古いが、二〇世紀に入るとロシア革命や第一次世界大戦によってこれまでと異なる大量の難民や戦争捕虜の問題が発生した。国際連盟は、こうした人々を救済するためにノルウェーの探検家・政治家フリチョフ・ナンセンを高等弁務官に指名する。ナンセンは難民が自由に国境を越えられる証明書を考案し、五二カ国の政府を説得してこれを正式なパスポートとして認めさせた。「ナンセン・パスポート」である。数十万の難民がこれを提示して国境を越え、定住先に落ち着くことができたと言われる。ナンセンは、難民救済の基礎を築き、一九二二年にノーベル平和賞を受賞した。

やがて第二次世界大戦が起き、ナチスドイツが席巻したヨーロッパで再び大量の難民が発生した。この問題を解決するため一九五〇年、国際連合の総会で、ナンセンの経験を生かした新しい組織の設立が決められた。これが国連難民高等弁務官事務所（The Office of the United Nations High Commissioner for Refugees）であり、そのトップに立つのが国連難民高等弁務官（United Nations High Commissioner for Refugees）なのである。緒方さんは第八代の高等弁務官にあたる。

ＵＮＨＣＲは三年間という期限付きで設立された組織だったが、難民問題は一向に収まることがなかった。五六年のハンガリー動乱、六〇年代の独立にともなうアフリカの紛争、そしてカンボジアと、難民流出はあとを絶たず、その活動は拡大の一途をたどっている。難民問題への貢献が認められ、ＵＮＨＣＲは一九五五年と八一年の二回にわたってノーベル平和賞を受賞した。なお、パレスチナ難民については、国連パレスチナ難民救済事業機関（ＵＮＲＷＡ）という別の機関が管轄することになっている。

ＵＮＨＣＲの活動の基礎になるのは、五一年に国連で決議された「難民の地位に関する条約」だ。この条約には、難民の定義が記されている。それによると「人種・宗教・国籍・政治的信条などを理由に迫害を受ける恐れがあるため、国外に逃れ自国の保護を受けられない人々」ということになる。難民は、祖国を追われたパスポートなき人々だ。彼らの権利を保護するため、条約加盟国には、迫害の恐れがある国に人々を送り返してはならないという重い義務が課せられている。これは「ノン・ルフルマンの原則」と呼ばれ、難民に対処するときの大原則となっている。

六七年には、条約を補足する「難民の地位に関する議定書」が採択された。「条約」と「議定書」を合わせて、一般に「難民条約」と呼ばれている。日本は、一九八一年に「条約」、八二年に「議定書」に加入した。「条約」「議定書」のどちらか、あるいは両方に加盟している国は二〇〇三年四月一日現在一四四カ国にのぼる。

UNHCRの任務は、こうした難民に国際的な保護を与えることである。

実際に難民を保護する義務は受け入れ国にあるわけだが、UNHCRは各国政府が難民条約を守るように促し、監視する。また、受け入れに困っているようであれば、難民の収容施設や食糧などの生活物資、医療などをすばやく提供する。

さらに、難民問題が最終的に解決されるように支援していく。大きく分けると、①本国への帰還、②庇護《ひご》国への定住、③第三国への再定住という三つの方法があるが、これらがスムーズに行われるように各国政府と交渉していくのである。

難民の代表として

就任当時の大方の予想に反して、緒方さんが率いた三期一〇年の間に、UNHCRは予算、職員の数とも二倍近くに増え、国連の中心的な組織として生まれ変わった。各国政府と民間団体の寄付によってまかなわれる予算は、年間およそ一〇億ドル。世界一一四カ国、二六八カ所に事務所があり、ジュネーブ本部と現地事務所合わせて、およそ五五〇〇人が働いている（二〇〇二年七月一日現在）。

「要するに難民の代表なんですよ、私のオフィスというのは。

二つの面があるわけです。一つは難民および難民に類する人たちの法的な保護、これがもとにあるわけです。法的な保護というよりも全体的な保護なんですよね。基本的な人権と言いますけれども、いちばんの基本は、安全の保障であり、それから基本的な経済社会権利の実現です。それを難民というきわめて限定された状況の中でどれだけ守るかということですよね。守るためには、そばにいないといけない。彼らとのコミュニケーション、彼らの安心感、信頼感、それを得るためには、現場に人がいなければいけないわけです。

もう一つ、誰に対して彼らの訴えをしていくかというと、だいたいは政府ですよね。難民を受け入れた庇護国の政府。難民キャンプをつくろうと思ったって、ただ行ってつくれるわけじゃありませんから、その交渉や基本的な条件づくりからやらなきゃいけない。そして今度は、送り出した政府あるいは追放した政府に対して、問題の解決をやはり交渉していかなければならない。そしてさらには、国際社会において有力な国々……日本ももちろん入るんですよ……そういう国に対して支援というものを、法的にも実態的にも財政的にもすべて訴えていく。難民と政府との間の交渉をするのが私たちの仕事なんですね。

この仕事につくまで、その真髄には触れたことはありませんでした。抽象的に、あるいは理論的にはわかっても、ほんとに触れたことがなかったから、そういう意味では非常にたくさんのことを学んだと思いますし、問題解決型の思考を非常に強めたと思います」

緒方さんは一九九〇年一二月二一日、国連総会で正式に第八代の難民高等弁務官に選出された。

四〇年近く続いた米ソ冷戦が終わり、世界はこれから平和と安定に向かうのではないかという希望的観測がまだ語られていた時期だった。ときに緒方さんは六三歳。翌九一年二月一八日に正式に就任、東京に家族を残してジュネーブでの単身赴任が始まった。その直後から、彼女は次々と難問に直面することになる。

第二章　「冷戦後」の始まり
——クルド難民

イラク北部のクルド難民と。UNHCR / J. Crisp

クルド難民の発生

一九九一年一月一七日、前年八月のイラク軍のクウェート侵攻に端を発した湾岸戦争が始まった。冷戦後の動乱期の幕開けである。直接の戦闘は四三日間に及び、アメリカを中心とする多国籍軍がイラク軍を圧倒して終結したが、終戦直後の四月にもう一つの大きな国際問題が起きた。イラク北部で大量のクルド難民が発生したのである。

フセイン政権から長く迫害されてきた少数民族のクルド人は、イラク軍の敗北直後、他の反体制グループとともに武装蜂起《ほうき》した。しかし、態勢を立て直したイラク軍の反撃にあって敗退。一七〇〜一八〇万人にのぼる難民となってイランやトルコとの国境に押し寄せた。イラク軍はかつて化学兵器を使ってクルド人を迫害した前歴がある。クルド人は同様の事態に陥ることをおそれ、国境を越えて決死の逃避行を試みたのである。一時的に一八〇万人が動くというのは現代史上類を見ない大量の難民流出だった。

四月中旬、緒方さんは幹部職員を伴ってイランとトルコへ向かった。

「イランに行きますときは、手足や頭の毛を出しちゃいけないということで、急に黒いベールなどを借りてまいりまして、大きなヘリコプターに乗って国境の近くへ行ったんです。私はヘリコプターになんか乗ったことありませんでしたから、いよいよ乗るときは、えらいことになったと思いました。まぁ、どうしようかと思ったんですけども、乗りかかった船、いや乗りかかったヘリですからね（笑）、ともかく乗って、そして国境へ。すると、クルドの人が、歩いている人、トラクターの人、車の人……見渡すかぎり山道を出てくるんですね。そのときはびっくりしましたけれど、なんとかその人たちを守って、ちゃんとキャンプに入れて、一時的にでも保護しなきゃならないなという実感を初めて味わったんです」

当時の映像には、風にベールを煽《あお》られながら、どこかぎこちなく難民に手を振る緒方さんの姿が映っている。

一八〇万人のクルド難民のうち、一四〇万人はイランとの国境を越えて避難した。問題は、トルコとの国境に押し寄せた四〇万人だった。国境を越えようとする難民たちを、トルコ政府は軍を動員して力ずくで追い返した。国家をもたないクルド人はこれまでトルコ国内でも根強い独立運動を続けてきた。もしトルコ領内に大規模なクルド人難民キャンプができれば、国内情勢が不安定化しかねない。長年クルド問題に悩まされてきたトルコ政府は、それをおそれたのである。こうして、雪に覆われた荒涼たる山中に数十万人の人々が取り残されるという危機的な事態となった。

歴史を変えた決断

前述のとおり、UNHCRの活動は「難民条約」に基づいて行われる。そこには、難民とは「国境の外に出てきた人」であるという定義がなされている。いかに生命の危険があるとしても、国境を越えられない以上「難民」には該当しない。主権国家内の内政問題と見なされるからだ。したがって、イラク領内に踏み込んでクルド人を救済することはできないというのがこれまでの常識だった。

「国境を開いてほしいという交渉はするんですけれども、トルコはNATO（北大西洋条約機構）の加盟国ですから、アメリカなどのNATOメンバー国は、トルコ側の言い分を尊重するわけです。

結果として、山岳地帯にものすごく悲惨な状況で難民がたくさん残ってしまいました。そこでNATO各国は急いで協議を始めたのです。そして、彼らをイラクに戻そうと、そこに『安全地帯』をつくろうという提案が英米から出てくるんです。それには本当に私どもは困ったんです。

難民の保護というのは、国境を越えて安全な彼方で行うことになっていたわけですね。それが安全でない自分の国、彼らを追い出す政治勢力あるいは軍事勢力がある国へ戻して保護するというのは、いままでの原則の転換になります。それで非常にみんな苦労して、毎日のようにオフィスの中で相談が続いたんですね」

あくまで従来の慣例に従ってクルド難民を見捨てるのか。慣例にとらわれず救済に乗り出すのか。決断が必要だった。もし救済に乗り出したとしてもイラク国内で安全が確保できる保証は何もない。イラク軍の攻撃に遭う可能性もある。それでも、やるのかどうか。

就任からまだ二カ月あまりで、いきなり重い決断を迫られることになった緒方さんは、ある土曜の午後、幹部を緊急招集して意見を聞いた。そのときの様子を、当時の官房長のソーレン・ジェッセン゠ピーターセンはこう証言する。

「緒方さんはすべての幹部の意見を辛抱強く聞いていました。あえて原則を踏み越えるべきだという意見もありましたが、もしそれをやったら非常に危険な前例になると助言する者もいました。二、三時間聞いていたでしょうか、緒方さんが最後に決断してこう言いました。『私はやることに決めました。彼らが国境を越えようと越えまいと、UNHCRは被害者とともに、そして被害者の傍らにいるべきなのです』。これは緒方さんの最初の大きな決断だと思います。多くの職員に衝撃を与えました。しかし、とても前向きな衝撃だったと思います」

緒方さんの決断は、ＵＮＨＣＲの歴史における大きな分岐点となった。その背景には、どのような判断があったのだろうか。

「国境を越えて向こう側には渡れない。しかし山の中にいる人たちに安全を与えなきゃならないという中で、きわめて現実的な判断から、私はやっぱりイラク側の『安全地帯』に降ろすしかないんじゃないかと考えました。それは、今でも大きな決断だったと思います。

相談の過程で考えたんです。ルールを変えることにはなるけど、基本原則の根幹は同じなんじゃないか、と。つまり『難民を保護する』『生命の安全を確保する』ということですよね。ルールそのものとは違うんですけれど、根幹については自信をもってこれで行こうと考えたわけです。

やがて、多国籍軍が北イラクに『安全地帯』をつくってキャンプの設置を始めました。私どもの専門的な知識に頼ってくるので、キャンプの設計から全部、いろいろ手伝いました。私どもも世界中に散らばっている職員をどんどん集めて、みんな北イラクに張り付けました。

最初は多国籍軍が安全を確保したんですね。ところが多国籍軍は早く引き揚げたいわけです。そうなると、私どもとしては、本当に安全を確保できるのかというものすごい心配が出てくるわけです。それで、アメリカのブッシュ大統領に謁見して『そんなに早く撤退させないでくれ』と頼んだのを今でも覚えているんですね。ブッシュ大統領は『それはわかるけれども、いつまでも駐留することはできない。いつまでも居たら、アメリカは帝国主義的な国だという批判を受けるかもしれない』というようなことを言われたのを覚えています。

もうそのときは切羽詰まっているわけですから。軍だろうと何だろうと、ともかく難民を物理的に保護できるものが必要なわけですよね。私どものように素手で対応する者がそんなことできませんから。

就任早々で大変だったということはありますが、よくわからないから遮二無二しなきゃならなかったという面もありますね（笑）。今から考えると、就任早々非常に難しい目に遭ったというのは、訓練のためにはよかったのかな、なんて思っています。ダラダラしたあげくに急に事件が起こったら、仕事に慣れるのにもっと時間がかかったかもしれません、考えようによってはね。本当に大きなレッスンでした。私にとってはもちろんそうですし、新しい難民高等弁務官を迎えたオフィスにしてもそうだったと思います」

小さな巨人

難民の安全を確保するという「基本原則」の根幹を守るために「ルール」を柔軟に変更する。ここには、その後の緒方さんの行動を貫く一つの判断基準を見いだすことができる。

国連安全保障理事会は「決議688」を採択し、多国籍軍とUNHCRの行動を正当化した。

こうして、問題発生から一カ月後の九一年五月、UNHCRと多国籍軍によるクルド難民への援助活動が始まった。多国籍軍はイラク国内に「安全地帯」を設置し、クルド人に対して帰還を促した。初めの二週間で二〇万人近くが帰還し、その後も流れは続いた。テント、毛布、水や食料などの支援物資が、飢えと寒さに苦しむ人々に供給された。援助提供国は三〇カ国に及び、航空機二〇〇機、兵員二万人以上が動員された。

軍と人道機関がこれほど密接に協力し合った例は過去にない。その意味でも、クルド難民支援はUNHCRにとってまったく新しい経験だった。大量難民への備えが不十分だったことを痛感した緒方さんは、その後、緊急対応能力を高めるための組織改革に着手していくことになる。

前例を打ち破る形でクルド難民の救援に道を開いた緒方さんは、組織の中でリーダーシップを確立すると同時に、一躍世界の注目を集めることになった。未曾有の事態に果敢に対処する緒方さんの行動力をジェッセン＝ピーターセン官房長は驚嘆の思いで見つめていた。

「彼女が、へとへとになって現場から戻ったときのエピソードを今でも覚えています。

ヘリコプターで、高地にあるイランとトルコの国境地帯を訪れ、一日中歩き回り、次々と到着する難民に話しかけていたのです。本当に疲れきっていました。しかし午後九時にテヘランへ戻り、記者会見を開く必要がありました。多くの記者が集まっていたのです。その会見は見事なものでした。政治的にデリケートな問題についても決然として答えていきました。就任してまだ日が浅く、一二時間以上も歩き回ったあとですよ。次の日、地元紙は彼女を『小さな巨人』と称した見出しを付けました。『小さな巨人』というあだ名は、その後すっかり定着しましたよ」

ソーレン・ジェッセン＝ピーターセン氏。NHKの番組から

緒方さんは、来たるべき動乱の一〇年をすでに見通していたのではないかと彼は言う。

「彼女は、時代の変化の信号を誰よりもすばやくキャッチしていました。緒方さんの決断がどれほど重要な転換点だったか、あのときはまだ私たち自身もわかっていなかったように思います」

イラク北部で起きたクルド難民の問題は、冷戦後の危機の始まりでした。『冷戦後』とは何か。それは、国家間の戦争ではなく国内紛争によって特徴づけられる時代です。そして、一般市民を標的とする残虐な暴力がはびこった時代です。いま思えば、クルド難民こそ、まさに冷戦後の危機の幕開けだったのです。

被害者が国境を越えようと越えまいと、彼らのそばにいて保護を行うべきだ、という緒方さんの決断は重要でした。それは九〇年代を通じて私たちの基本姿勢になっていったからです。

そのことを私たちがようやく理解したのは、五年以上もたってからのことでした」

第三章　「民族浄化」の中で

――旧ユーゴ紛争①

UNHCR / S. Foa

ヘルメット、防弾チョッキを着用して、戦時下のサラエボを視察

砲弾の下での支援

クルド難民の問題は、国境を越えられない難民の援助にＵＮＨＣＲが踏み出す転機になった。国境を越えられない難民は「国内避難民」(Internally Displaced Person, IDP) と呼ばれる。国内避難民を保護することは、ＵＮＨＣＲの直接的な任務ではない。国連事務総長などからの依頼があり、なおかつ受け入れ国の同意が得られたときにかぎって活動することになっており、本来は例外的な任務である。しかし、国内紛争が多発した九〇年代、国内避難民への援助の規模や範囲はおのずと一気に拡大することになった。

その最大のケースが、クルド問題の翌年にヨーロッパ・バルカン半島で火を噴いた旧ユーゴスラビアの大規模な民族紛争である。このとき緒方さんは、砲弾の飛び交うさなかに分け入って国内避難民を支援するというさらに困難な問題に直面することになった。

冷戦崩壊後の一九九一年、六つの共和国で構成されていた旧ユーゴスラビア連邦からはスロベニア、クロアチアが次々と分離独立し、それをめぐる民族間の紛争が発生した。共産主義の時代、チトー大統領の独裁のもとで抑えられていた民族対立と独立への欲求が、冷戦終結に伴う経済危機で一気に噴き出したのである。

当時、ユーゴ連邦の政治の実権は、首都のベオグラードがあるセルビア共和国のミロシェビッチ大統領らセルビア人によって握られていた。このため、対立の構図は、領土を維持しようとするセルビア中心の連邦軍と、独立を図ろうとする各共和国軍との戦いという形になった。

「セルビアおよびセルビア人の問題ね。これは紛争の根幹にあると思うんです。最初に『大セルビア主義』という民族主義を掲げた人たちが出てきた。ミロシェビッチはその中心にあったと言われているんですけれども、それがクロアチア対セルビアという形で最初に火を噴くわけですね。

ですから、最初はクロアチア戦争で始まるわけです。そしてセルビアが軍事力で圧倒していく。そこから難民が出てくる。そこで国連が乗り出して、最終的にはクロアチアの中に、国連保護軍（UNPROFOR）を派遣して、国連の『安全地帯』をつくっていくわけです。

それが飛び火して、今度は*ボスニア・ヘルツェゴビナで、セルビア系の人たちが追い出しにかかります。クロアチア人とムスリム人（イスラム教徒）の両方が、難民として追われていくわけです。

状況を視察に行った者が帰ってきて『これほど恐ろしい憎悪というものは見たことない』と言うんですね。私どもの現場の者は、そういうものにどうやって対応していったらいいか非常に悩んで相談に来ました」

ボスニア紛争

クロアチアの場合、多数派のクロアチア人が少数派のセルビア人を追い出して独立するという形で最終的には決着した。しかし、翌一九九二年三月にボスニア・ヘルツェゴビナが独立を宣言すると、事態は一気に悪化した。

ボスニア・ヘルツェゴビナは、旧ユーゴの中で最も複雑な民族構成をもっていた。独立を求めるムスリム人は最大勢力とはいえ人口の四割にすぎず、独立に反対するセルビア人、クロアチア人と対立。四月に軍事衝突が起きると、凄惨な内戦が始まった。これまで共存していた隣人同士が、互いの民族性の違いを理由に殺戮《さつりく》や追放を始める姿は「民族浄化」というキーワードとともに世界を震撼《しんかん》させた。

こうした事態に、国際社会は何ら有効な解決策を打ち出すことができなかった。国連安全保障理事会による経済制裁は効果を上げず、軍事介入も見送られた。欧米諸国は、三つの民族に対してそれぞれ異なる複雑な利害関係を抱えていたうえに、バルカンでの殺し合いに本気で介入する意志がなかったからである。

打開策を打ち出せないデクエヤル国連事務総長は九一年一一月、紛争に苦しむ旧ユーゴ市民への人道援助をＵＮＨＣＲが主導するよう要請した。しかし、停戦合意がない内戦の渦中での援助活動は、UNHCRが初めて経験するものだった。これまで、紛争地帯では赤十字国際委員会などが活動することが多かったが、ボスニアでは九二年に入って職員が射殺され、一時的な撤退を余儀なくされた。そのような中で、UNHCRが人道援助の空白を埋めることになったのである。しかし、いったいそんな場所でどんな活動ができるというのか。あまりに危険すぎるとして、組織の中には消極論が渦巻いた。

緒方さんは、紛争地での経験が豊富なスペイン人職員のホセ・マリア・メンデルーセを特使として現地に派遣した。

「緒方さんからの指示は非常に明確でした。現場に行って、見て、報告せよ。情報を流し続けながら提案をせよ、と。しかし、国連の多くの人は違う意見でした。行って、見て、なるべく早く帰ってこい、とね。私はその意見には従わず、緒方さんに情報を流し、どんな行動が可能か提案していきました。事態は悪化しており、国内避難民は増え続けると予想されたのです。決断が必要でした。

『緒方さん。この問題に関わって、ユーゴの解体で犠牲になる人々をできるかぎり助けたいとお考えですか、それともやめますか』。緒方さんは『やりましょう』と言ったんです。私から見ると彼女の行動は首尾一貫していて、いつも危険を背負う覚悟ができていました」

現場職員の苦悩

しかし、メンデルーセ特使が見た現場の実態はすさまじいものだった。

「ボスニアで起きていることは戦争ではないと、私は最初から言い続けました。二つの軍が戦っているのではなく、軍が市民と戦っているのだと。私はアフリカや中米にもいたことがありますが、今までの戦争では見たことのない残虐さで市民が殺されていました。国連機関のスタッフとして初めて『民族浄化』という概念を持ち出したのは私です。

紛争が始まったころ、私はズボルニクという街で残虐行為を目撃しました。ベオグラードからサラエボに向かう途中で偶然通りかかったのですが、セルビア系武装勢力が街を制圧して、何百人もの女性、子供、老人を殺していました。それは、私の人生の中で最も衝撃的な瞬間でした。

バニャルカ（ボスニア北部の町）のセルビア人市長はこう言っていました。『今、このムスリム人の子供たちを殺しておくことが重要なんだ』と。『殺しておかなければ、二〇年後にこの子供たちによって私たちが殺されるんだ』と。ムスリム人とセルビア人は脳のしくみが違うんだ、とさえ言いました。それは、まるでナチス時代のヨーロッパのようでした。自分たちの民族や宗教が他民族より優れていると思い込んだ指導者たちの狂気だったのです。こうした状況の中で通常の人道援助を行うことは不可能でした」

ヨーロッパのテレビ局が撮影した映像の中に、九二年四月のズボルニクの戦闘を記録したものがある。硬直した死体がトラックの荷台に無造作に積み込まれていくおぞましい映像には、たしかにナチスの時代を連想させるものがある。

殺戮やレイプ、拷問が横行し、多くのムスリム人が、軍事的に優位に立つセルビア系武装勢力によって家を追われていった。こうした人々を支援するにはどのような方法をとればよいのか。緒方さんは、たちまち大きなジレンマを背負うことになった。命が危険にさらされている住民の避難を進めることは、結果としていわゆる「民族浄化」に手を貸すことになるからである。

「自分の家の玄関のところに弾丸が撃たれて『出ていけ』と言われる人々がいる。出ていきたくないが、出ていかなければ殺されるだろう。そういう状況に出会ったとき、出ていくのを手伝えばまさに『民族浄化』に手を貸したことになるわけだし、放っておけば殺されるだろうと。どっちをとればいいかと、ぎりぎりの選択に悩まされて訴えてくるわけです。

私は、最終的には、やっぱり人を生き延びさせる選択をとるよりほかにしようがないんじゃないかと考えました。というのは、生き延びればもう一回チャンスが出てくるかもしれないいんですよね、人間って。そこで殺されたら、それまでですから。

そういう選択をずいぶん強いられたんです、最初のうち。それは非常にきついことだったと思います、ぎりぎりの線というのは」

史上最大の空輸作戦

生命を守ることが、すべてに優先する。これは、緒方さんの一貫した判断基準である。

緒方さんはメンデルーセ特使に対して「なるべく目立つように行動せよ」と命じ、同時に広報体制も強化した。メディアの注目がなければ国際社会は動かないし、援助活動も続けられなくなるという判断があったからである。かつてUPI通信社の女性記者だった広報部長シルバナ・フォアは、連日のようにプレスリリースを出し、現地から集まる情報を流し続けた。「メディアに対してオープンであれ」という緒方さんの指示は、UNHCRがもっていた閉鎖的な体質も次第に変えていくことになる。

紛争の中で、援助を最も必要としていたのは、セルビア側の包囲によって孤立していたムスリム人だった。孤立を強いられたいわゆる「飛び地」は国内に主に六カ所。中でも首都サラエボは最大の人口を抱えており、問題は深刻だった。

サラエボは、かつて冬季オリンピックが開かれた近代的で美しい街である。しかし、ムスリム人を中心とする四〇万人の住民は、町をとり囲んだセルビア系武装勢力による連日の激しい砲撃にさらされていた。町へ繋《つな》がる道路は封鎖され、食糧や水の補給ができない危機的状況にあった。サラエボの人々を救うにはどうすればよいのか。緒方さんは、空輸によって援助物資を届けるという作戦に乗り出した。

「大変なプレッシャーでしたね。サラエボが陥落して空港が使えなくなる。それを国連側が交渉して、サラエボ空港を開くことになった。そのときに、誰が空輸を担当するかということで、軍との初めての大きな交渉になりました。さらに、援助物資が空港に届いてからどうやって街に運ぶかということも非常に大きな議論になったのです。

人道的な目的で空輸をするということであって、軍事的目的でやるわけではない。それで結局、空輸は私どもＵＮＨＣＲの傘下で始めることにしました。空輸に従事する軍人というのは、われわれのコンサルタントという法的資格にいたしましてね。とりあえず一週間か二週間やってみましょう、というので始めたんですね。

サラエボに着いたら誰がそれを運ぶか。結局、私どもの職員が先に現場に行ってみんなを守っていましたから、現場感覚があるわけです。空港から市街地に向かう道路は『銃撃通り』と呼ばれるほど危ない道だったんですけれども、メンデルーセ特使は自分の知り合いのタクシー会社すべてに電話して運転手を募ったりしてね。本当に勇気があって想像力があって、しかも非常に実態に応じた工夫をする人々が現地にいたわけですよ。そうして、空輸を始めることになったんです」

サラエボ市民を見殺しにはしない

国連本部は、空輸の安全を確保するため安保理決議758を採択。サラエボ空港に国連保護軍を派遣し、空港を国連の管理下に置いた。一方、ジュネーブのUNHCR本部には、空輸のための司令部がつくられた。緒方さんの指揮のもと、各国から派遣された空軍将校たちが合同チームを組んで空輸作戦を練り上げていった。

軍とUNHCRがこうした形で共同の空輸作業を行うのは前例のないことである。人道援助の中立性が損なわれるとする反対論がないわけではなかった。しかし軍の協力ぬきにはできない危険な任務であることもたしかだった。

アンガス・モリス中佐はイギリス空軍からジュネーブのUNHCR本部に派遣された。

「案内されたのは、窓のあるがらんとした部屋で、テーブルが一つ、椅子《いす》二つ、壁に何本かの電話回線があるだけでした。私のほかにアメリカ、フランス、ドイツから合計八人の将校が集まり、ここを短期間で空輸司令部につくり変えたのです。

初めのころは緒方さんも、自分のオフィスに軍人がいることに違和感を覚えていたようです。当時はそういうことは珍しかったですからね。しかし、慣れるのに時間はかかりませんでした。軍の輸送能力をいったん認めると、緒方さんの要求はどんどん高くなり、われわれの力を最大限に引き出そうとしました。緒方さんが現れると、部屋の空気が少しだけ高揚するのです。

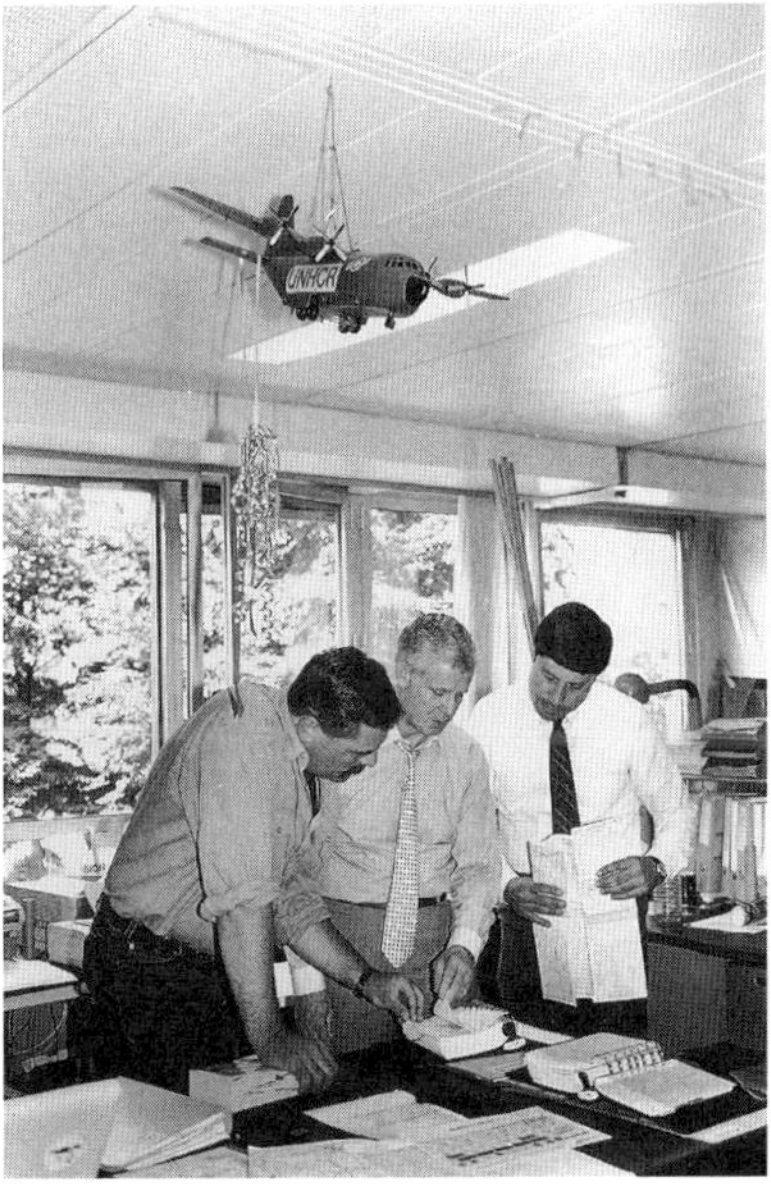

UNHCRジュネーブ本部につくられた空輸司令部
UNHCR / A. Hollmann

人々の命が私たちの仕事にかかっているという事実、それが私に力を与えてくれました。ふだん私たちは、さまざまな戦闘で任務を果たすよう訓練されています、しかしおそらく最も満足感の高い仕事は、その能力を駆使して人々の役に立つことなのではないかとジュネーブでは感じましたね」

一九九二年七月三日。最初の空輸機がサラエボ空港に着陸した。その後三年半、のべ一万二〇〇〇回に及ぶ史上最大の空輸作戦の始まりだった。空から運ばれた食料や医薬品は、約一六万トンに及んだ。サラエボの人々にとって、空輸された援助物資はまさに命綱となった。

空輸開始から五日後の七月八日、厳戒態勢のサラエボ空港に緒方さんは降り立った。防弾チョッキに身を包み、国連保護軍のマッケンジー司令官と並んで歩く小柄な緒方さんの姿は、メディアを通じて世界中に報道され、ＵＮＨＣＲによる空輸作戦をアピールすることになった。

「これは政治的に非常に大きいインパクトがあったんですよ。つまり、国際社会はサラエボを見殺しにしているのではないぞ、と。みんながサラエボを見ているんだよ、ということのシンボルが空輸だったのです。それでだんだんやめられなくなるわけですね。

そのときはみんな心配してくれて、決して無理をしちゃいけないと副高等弁務官などにも懇々と言われました。ザグレブまで行ってから空輸の飛行機に乗って、そこからいろんなトラックに乗って市内まで行ったんです。それは、いちばん危ない状況のときに行ったんであろうと思いますね。しかし、うちの職員が現場でやっているんですから、私が行かない理由はないと思っていました。

非常に温かい歓待を受けたんですよ。みんなが旧市街の窓から手を振って非常に温かく迎えてくれて。ああ、これで状況はよくなるかなと思いましたけどね、そのときは」

援助に対する妨害

しかし、空輸開始から二カ月後の九月三日、作戦は壁にぶつかった。援助物資を積んだイタリア軍の空輸機が地対空ミサイルによってサラエボ上空で撃墜されたのである。四人の乗組員は全員死亡し、紛争下で行う人道援助の難しさが露呈されることになった。

「非常な衝撃で、しばらく空輸を中断したと思いますよ、あのときは。誰がやったかわからないのですよね。飛行機の破片は、いまでもＵＮＨＣＲの建物の中に飾ってあります。やっぱり毎日、危険の中で暮らしたわけですよ。私もその後、何回もサラエボへ行きましたけれどもね。今でも忘れられない事件があります。だんだん空輸が制度化してきますと、トラックの運転手たちが空港で待っているわけです。寒いから外で焚《た》き火をしながら待っている。私たちが行くと喜んでみんな迎えてくれまして、降ろした物資を載せてサラエボの町へ持っていくわけです。ところが、私が街に出た一〇分ぐらいあとに襲撃があって、その中の一人が大けがをしたわけです。私が空港に戻ったときには、すでに撃たれていて、両親も来ておられました。結局、元気になりましたけど。そういうエピソードはたくさんありますね。本当にたくさんあります」

空輸だけでなく、UNHCRはボスニア全土にトラックによる物資の陸上輸送のルートを張りめぐらせていた。イタリア軍機が撃墜された翌月には、南部の町モスタルで物資を運んでいたトラックの運転手が襲撃されるなど、関係者の犠牲は増え続けていった。そのたびに、援助は一時的な停止を余儀なくされた。

国連安保理は、ボスニアに派遣した国連保護軍に対し、人道援助の安全を保護するという新たな任務を付加した。それでも事態は簡単には好転したわけではなかった。

「たとえば、セルビア系の人の運転手はクロアチアに入れないのですよね。逆にクロアチア系の人を使ったらセルビア支配地に入れない。それも非常に複雑なものでした。結局すべて交渉ですよ、そこへ入っていくのは。私どもとしては、セルビア系でもクロアチア系でもムスリム系でも、援助を必要とするあらゆる人たちに物資を持っていかなければならないということで交渉をし続けるのですね。

妨害もずいぶんありましたからね。たとえばセルビア系の女性が、ムスリム系のところへ輸送しちゃいかんということで、みんな道路に出てくるのです。難しいですよ、女の人がいっぱいいるところを乗り切っていくというのは。だから現地での交渉の技術は、みんなずいぶん習得したのではないでしょうかね。

国連保護軍の護衛を求めるか求めないか、これも大きな問題でしたよ。護衛を求めることによって、人道援助が非常に強制的な印象をもつんじゃないかという問題があるわけです。やっぱり力をもっているものが動くというのは、一般の市民にとっては非常に大きな威圧になるわけですよね。歩いてパトロールしている人には親近感を覚えるけれども、戦車で動いてくる兵隊さんにはあまり親近感をもたないわけですよ。

私ども人道機関の者としては、常に住民の信頼を得るということが大事だから、護衛はほしくないという声はもちろんあったわけです。ただボスニア戦争というのは本当に激しい戦争になってきますから、護衛なしで動けなくなってきた。そういうわけで、前後についてもらって、ようやくトラック輸送ができたという時期もありました。その過程では、ずいぶんこちら側も悩んだわけです」

人道援助のジレンマ

国連の軍隊とともに行動することは、さらに別の問題を生んだとメンデルーセ特使は言う。

国連保護軍は人道援助の護衛を目的としており、紛争に介入して住民を守る権限や装備は与えられていなかった。そのことは、紛争に苦しむ人々の失望をむしろ増幅したというのである。

「ボスニアの人々が国連に求めているのは戦争をやめさせてほしい、助けてほしい、真の平和維持軍を配備してほしい、ということでした。あなたが子供を抱えながら毎日狙撃にさらされているとしましょう。そこでは国連軍が毎日活動しているのに、狙撃も爆撃も殺人も止めることができないとすれば、いったいなぜ彼らはここにいるのか、と疑問に思いはじめるでしょう。それが、この戦争を通してずっと抱えていた問題なのです。せっかく国連軍が到着しても、人道援助の護衛をするだけでは解決になりません。私たちはいつもこの矛盾の中で過ごしていました。

私たちの存在、空輸作戦、食糧供給、あらゆる支援は実は口実に使われていた。軍事的な介入をしようとしない国際社会の言い訳となっていた、ということに人々は気づいていたのです」

現場の苦悩は深かった。それを最も強く感じていたのは、ほかならぬ緒方さん自身だった。

「解決というのは、最終的にさまざまな悪弊を排除して、三民族が共存することですよね。ところが三民族間にものすごい憎悪と恐怖と対立が起こったときに、いったい外側から何ができるかということですよね。それぞれに外からの圧力や介入があったわけですから。

いちばん虐げられていたのは、たぶんムスリム人だと思うんですよね。それに対しても外からの支援はありました。それからクロアチア人は土地と人口においていちばん弱いから、自分たちの最低限の権限を守りたいという気があるでしょうし、セルビア人には『大セルビア主義』というものがあって、セルビア人の権限を拡大し続けたい。

おそらくメンデルーセ特使は、もっとはっきりセルビアの拡大主義を抑えて、ボスニアの人たち、ムスリム人を助けたかったんだと思いますよ。うちの出先で働いた人はみんなそういうことを思いましたからね。でもそれを表に出したら、『必要とするすべての人に人道援助を行う』というわれわれの中立

ホセ・マリア・メンデルーセ氏。NHKの番組から

主義から外れてしまうから、ムスリム人たちのところへ行けなくなるわけです。

そういう実態が背景にありますから。すべてどっちが悪い、どっちがいいという形では動けないんですよね、やっぱり」

進まない政治解決

援助だけでなく、何らかの政治的な解決が必要なのは明らかだった。しかし、各国政府の動きは鈍く、いくつもの解決策が提示されては消えた。終わりのない殺戮が続く中、切れ目なく続いていたのは、UNHCR主導の人道援助だけだった。


「各国政府にとっては、何にもしないでいるということはできないわけです。だいたい世論が許しませんから。そうすると、本格的解決はなかなかできないから人道援助を続けましょうという形で、われわれが一つの体裁のいいアリバイみたいなことになるわけですね。テレビが発達し、情報網が発達し、市民社会が強くなってくるときは、政治の側から出てくる対応が弱いものですから、どうしても人道のほうにアリバイを求めるんでしょうね。

しかし、私どもができる範囲がありますよね。できることとできないことがあるわけです。時期的にも、スキルのうえでも。できることはやるけれども、できないところまで責任を負わされたのでは問題解決にならない。ですから、もっと本格的な政治解決をしてほしいという気持ちは、現場にいる職員からもずいぶん出てきました。そういう中で、どうやってわれわれは圧力を強めるかという問題があるわけです」

一九九二年一一月、緒方さんは、歴代の難民高等弁務官として初めて、国連安全保障理事会に招かれた。これは、ある意味で冷戦後の変化を象徴する出来事だった。かつて国家間の安全保障問題を議論する場であった安保理において、人道問題が中心的な問題として浮上してきたのである。

この席で緒方さんはボスニアの現状を説明し、いつまでも人道援助のみを続けることは不可能だと訴え、安保理が一刻も早く政治解決に乗り出すよう強く迫った。

「輸送に不可欠な道路の安全は一向に確保されていません。検問所での妨害や無差別の銃撃が援助活動を大きく妨げています。（略）厳正中立の立場で行われている人道援助が、政治の駆け引きや軍事的な利害で絶えず妨害を受けているのです。（略）

いまも被災は続いています。民族浄化も続き、毎日のように人々は地雷原や前線を横切って逃げ、身の安全を必死に求めています。私はこうした忌まわしい行為を国際社会全体とともに非難します。そして、人々が安全に自分の家にとどまる権利を強調し、この権利をみなさんが尊重する義務があることを強調しておきたいと思います」

しかし、緒方さんの呼びかけに対する大国の反応は相変わらず鈍いままだった。

国連が抱えるジレンマ

なぜ政治解決の道は開かれなかったのか。当時のブトロス・ブトロス゠ガリ国連事務総長は、内情をこう説明する。

「理由は簡単です。加盟国の意志が一致しなかったからです。一致しなければ決断できません。ヨーロッパにはヨーロッパの方針と政策があり、アメリカやロシアにもそれぞれ別の方針がありました。安保理理事国の間に合意がなかったのです。だから決議を採択できず、軍事的に介入することもできませんでした。その結果、われわれがとることのできた唯一の対策が人道援助だったのです。

どちらがより重要なのでしょうか。人道援助か、それとも政治的解決なのか。政治的解決はしばしば軍事介入を伴うことになります。たしかに、紛争を終結させるためには、軍事介入のほうが人道援助よりも重要かもしれません。しかし、軍事介入をするかどうか判断している間にも、せめて人道援助は行わなくてはいけないのです。

しかも、この二つはしばしば矛盾するのです。軍事介入を行うということは、対立する側の一方を処罰してもう一方を救うことになるわけですが、人道援助は中立の立場で双方に援助を行わなければなりません。たとえばある地域を空爆しているとしたら、そこの人々には人道援助はできなくなるでしょう。つまり、人道的アプローチと軍事的アプローチは矛盾するのです。これは、冷戦終結後、内戦が頻発するようになってから国連が直面し続けている問題なのです」

紛争が燃えさかっているさなかに軍事介入を行えば、国連が紛争の当事者になってしまう可能性がある。そうすると、国連の中立性は崩れてしまい、人道援助の継続が難しくなる。同じ国連が、一方では空から爆弾を落としながら、地上では中立の旗を掲げて市民を支援するという構図になるからだ。

これはたしかに難問だった。しかし、解決が先延ばしにされれば犠牲者が増え続けるのも明白だった。ボスニアで活動を続けるメンデルーセ特使は、リーダーである緒方さんが国際社会で孤軍奮闘を強いられている姿を複雑な思いで見つめていた。

「緒方さんが同意してくれるかわかりませんが、私は彼女が非常に孤独だと感じたことが何回もあります。政治的に、という意味ですよ。誰もが毎日、緒方さんに奇跡を起こすように頼んでいたようなものです。実際、緒方さんはいくつもの奇跡を起こしました。しかし悪化するばかりの状況に対処するのは無理だった、トップレベルの国際的・政治的圧力なくして、軍や戦犯を相手に、人道支援の立場から交渉するのは無理だったのです。緒方さんはたくさんの『外交的支援』を受けていました。世界中のトップクラスの高官や大臣などに受け入れられた。しかし、その日の終わりには再びわれわれは独りぼっちで、トラックや飛行機で現場に戻り、日々増える犠牲者を助けようとしているのでした」

八方ふさがりの状況の中で、ボスニアにおけるＵＮＨＣＲの活動は年を越えようとしていた。

＊ムスリム人という呼称については、千田善『なぜ戦争は終わらないか』（みすず書房　二〇〇二年）の三〇ページ以降に詳しい。

第四章　国際政治と人道援助
——旧ユーゴ紛争②

アルバニアにて。UNHCR / U. Meissner

援助停止事件

年が明けた一九九三年二月、援助はさらに大きな壁にぶつかった。

スレブレニツァなどボスニア東部のムスリム人居住地域を包囲していたセルビア系武装勢力が、道路を完全に封鎖し、援助物資を積んだトラックがまったく前に進めなくなったのである。孤立する「飛び地」への援助が止まれば、住民の命がたちまち危うくなる。危機感を募らせたムスリム側指導者は対抗策に出た。ムスリム人が多い首都サラエボで市議会が援助物資をボイコットしたのである。いわばハンガーストライキによって同胞を窮地に追い込み、国際社会の注目を集めようという乱暴な戦術だった。空輸によってサラエボの市民に届けられるはずだった援助物資は空港で放置された。

援助を露骨に妨害するセルビア側指導者。人々を犠牲にしてでも国際社会の介入を引き出したいムスリム側指導者。中立の立場から行われている人道援助が、いわば政治の道具として利用されたのである。

当時アフリカを訪問していた緒方さんは、この事態を打開するため、二月一七日に行われたナイロビ（ケニア）での記者会見で思い切った措置を発表した。

「政治と人道援助を区別するよう指導者たちに説得を試みましたが、解決は得られませんでした。このような決断を下すのは非常に心苦しいことですが、援助物資を乗せたトラックに引き返すよう指示しました。セルビア人支配地域およびサラエボにおける援助活動の双方をただちに停止します」

突然の援助停止宣言は国連本部に衝撃を与えた。

ボスニア問題への対策を人道支援に頼りきっていた国連安保理からは、批判が相次いだ。東京に滞在していたガリ事務総長は、矢継ぎ早に質問する記者たちに向かって「ただちに援助を再開するよう緒方さんに指示した。指揮するのは私だ」と言い放った。しかし、緒方さんはひるまなかった。

「私は大統領や政府のために物資を送っているのではなくて、市民のために送っているのであり、それをボイコットするというのはとても許せないことだと非常に強く言いました。

向こうは政治的な理由でボイコットしたわけですから、それで逆に停止するという……まあ、非常に怒ったのでしょうね、自分で。〝怒り心頭〟で、『それなら停止をしますよ』と発表いたしました。ところが、これがちょっと大事件になりまして、安保理なども『なぜ緒方にそんなことをする権限があるんだ』と。政治的にどうやって対応していいかわからなくなったのです ね。事務総長がたまたま東京に行っておられたものですから、話もよくつかなかったのです。『緒方はけしからん』とか、『人道援助を停止するなどけしからん』とか、ずいぶんいろいろ言われましてね。緒方は辞めるだろう、なんて新聞にも書いてありましたけれども、そのときは『こんなことで辞めることは絶対ない！』と思いました」

「ショック療法」の効果

ガリ事務総長に当時のことを尋ねてみると、意外にも「よく覚えていない」という返事が返ってきた。

「よく覚えていませんが、他の機関に相談することなく単独で決定を下すことは許されませんからね。もし、緒方さんの決断が一方的に下されたものであるなら、当然私にも相談すべきだという態度をとったでしょう」

記者発表を行う前に、緒方さんはサイラス・バンス国連事務総長特使（旧ユーゴ担当）にあらかじめ相談済みだったというのだが、ガリ事務総長のところまで情報が届いていなかったのかもしれない。

同行していたジェッセン＝ピーターセン官房長は、この事件のもつ意味をこう解説する。

「緒方さんの目的は、すべての勢力に明白なメッセージを送ることでした。いわばショック療法のようなものです。同時に、人道援助機関の限界を国際社会に訴えるためのものでもありました。

安保理は、緒方さんの決断に対して非常に動揺していました。それは、安保理が本来やるべき仕事を彼女が肩代わりしていたからです。人道援助が止まってしまうと、他の選択肢は何もありませんでした。安保理はまさに『裸の王様』でした。だからこそ、あれほど動揺したのです。

私はニューヨークやジュネーブからかかってくる電話の応対に追われました。緒方さんは、大きな圧力と批判を浴びていました。反響があまりに厳しかったため、彼女自身も動揺していたと思います」

国連を揺さぶった援助停止宣言だったが、解決は意外にも早く訪れた。

「なぜ援助は停止されたのか」。問題が大きくなるに従って、メディアはこの問題を競って報じるようになり、国際社会の関心は一時的にボスニアに集まった。当然のことながら、最初に批判にさらされたのは、人道援助を妨害するセルビア側の指導者である。その結果に満足したムスリム側は、数日後にボイコットの停止を表明したのだ。緒方さんの「ショック療法」が功を奏して、人々への援助はほどなく再開されたのであった。

「数日たちましたら、ボスニアの副大統領（ムスリム側）が、たまたまザグレブにいて、『非常に良くやってくれた。飛び地の問題に対して政治的な注目が非常に集まり、私たちとしては成功したと思うから、サラエボのボイコットを解除する。引き続きやってください』というふうに言ってきたのです。それが事実です。

べつに、これが私の作戦だったというわけではありません。そんな数日後にすぐ来るとは思いませんでしたけれどもね。やっぱり極限状態にあって『脅し』が効いたのですね、あのときは」

緒方さんは、こう言って苦笑した。

あとから振り返れば、あっけない幕切れだったと言えるかもしれない。しかし、援助の現場は、緒方さんの言葉のとおり「極限状態」にあった。この事件と時を同じくして、二年近く激務の続いたメンデルーセ特使が心臓発作で倒れ、入院を余儀なくされていた。当時、UNHCRの職員としてボスニア各地を飛び回っていた日本人女性の中満泉《なかみついずみ》は、厳しい交渉に明け暮れたサラエボ事務所での日々をこう回想する。

「砲弾が落ちてくる中、朝八時の国連保護軍との連絡会議から始まって、夜二、三時ごろに一日の報告書を特使に送るまで、ほとんど休みなく働くという生活を三週間続けたら、ある日の夜、ついに腕が上がらなくなりました。当たり前ですが、ああ、人間には体力の限界があるんだなと思いましたね。若いからできたのでしょうけど」

それだけの努力を重ねても、人道援助で紛争そのものを解決することはできない。緒方さんは、その後も機会あるごとに政治解決の必要性を安保理に訴え続けた。しかし危機は繰り返され、ついに大きな惨劇を招くことになる。

スレブレニツァの虐殺とデイトン和平協定

「援助停止事件」のあと、国連はボスニア国内六カ所の飛び地を「安全地帯」に指定し、国連保護軍に対して「自衛のために、武力行使を含む必要な手段をとる」権限を与えた（安保理決議836）。必要があればＮＡＴＯ軍と協力することも認めた。

ところが、まさにその「安全地帯」において、ボスニア紛争の中で最大の悲劇と言われる事件が起きることになった。

一九九五年七月六日、ボスニア東部の町スレブレニツァにセルビア系武装勢力が侵攻し、五日間で町を制圧した。そして、住民の大半を追い出したうえでムスリム人の男性と少年およそ七〇〇〇人を別の場所に連行し、組織的に「処刑」したのである。これは第二次大戦以降のヨーロッパで起きた最も残忍な大量虐殺となった。攻撃を行ったセルビア系武装勢力は二〇〇〇人。これに対して現地に駐留していた国連保護軍のオランダ軍部隊はわずか歩兵三〇〇名あまりで、反撃もままならず捕虜となった。このことでオランダ軍は後に大きな批判を浴びることになるが、必要な人数がそもそも配備されていなかったのは明らかである。

ここに至って国連は、NATO軍による本格的な軍事介入に踏み切った。

国連側では、明石康・事務総長特別代表（旧ユーゴ担当）が平和的解決をめざし、前年から紛争当事者と粘り強い交渉を続けていた。しかしスレブレニツァ陥落を防げなかったとして欧米諸国から強い批判を受け、最終的には辞任して活動に終止符を打った。ガリ事務総長は、空爆の権限をNATO軍に一任する。これら一連の動きの背景には、翌年の大統領選を視野に入れ、空爆をテコにした和平を一気に実現させようとしたアメリカ・クリントン政権の圧力があったと言われる。

こうして八月三〇日、NATO軍は、ボスニアのセルビア人勢力の拠点に対して激しい空爆を開始。二週間あまり作戦が続いた後、セルビア人勢力が停戦を受け入れ、アメリカのオハイオ州デイトンで和平協議が開かれることになった。内戦勃発から、すでに三年半が過ぎようとしていた。

「デイトン和平協定」は、一九九五年一二月一四日、パリで調印された。協定では、ボスニア・ヘルツェゴビナ共和国が単一国家として存続することを認める一方、国内に「セルビア人（スルプスカ）共和国」（セルビア系住民が中心）と「ボスニア・ヘルツェゴビナ連邦」（ムスリムおよびクロアチア系住民が中心）の二つの領域を置くものとした。事実上の棲み分けである。さらに和平協定はＵＮＨＣＲに対して、難民と避難民の平和的な帰還計画を策定するよう求めた。

戦争が終結した時点で、ボスニア・ヘルツェゴビナの人口四四〇万人のうち、半分以上が住み慣れた家を追われていた。死者二〇万人、国内避難民は一三〇万、周辺国に逃れた難民は五〇万人。ほかに約七〇万人が西ヨーロッパ各国に逃れていた。そして、砲弾の下で人道援助に携わった関係者五〇人以上が死亡し、数百人が負傷した。

荒廃し分断された憎悪の地で、いったい人々をどのように再び共存させればよいのか。緒方さんたちは、停戦後も重い課題を背負うことになった。

コソボ紛争の始まり

ボスニア・ヘルツェゴビナの内戦が終結を迎えたころ、同じ旧ユーゴで別の危機が始まりつつあった。コソボ紛争である。

セルビア共和国のコソボ自治州では、八〇年代末から人口の九割を占めるアルバニア人と、少数派のセルビア人の対立が激化していた。コソボを民族の聖地と見なすセルビア共和国のミロシェビッチ政権がアルバニア人の権利を次々に奪い、抑圧したのが原因だった。

一九九八年、UNHCRは、アルバニア系住民のための支援を開始。再びベオグラードからコソボに向けて援助トラックが走りはじめた。家を追い立てられたアルバニア系住民は九月の時点で一七万人以上に膨れ上がっていた。

「ミロシェビッチ政権は、コソボの中のアルバニア系の人への弾圧を八九年から行うわけです。それに対して平和的な闘争を行うグループとテロなどの武装的な闘争に出るグループと両方ありました。その中で武装派が次第に強くなるにしたがって、セルビア系の軍および民兵を使った弾圧が激しくなるわけです。

テロへの対策というので、モスクや村を焼き払ったり、人々を追い出したりと非常に弾圧が激しくなったので、九八年の九月には現地に行きました。

ちょうどプリシュティナへ行く途中、順路と違うところで、前の晩に村が焼き討ちされて二〇〇〇人ぐらいの人がモスクへ逃げていると聞いて、そこへ行ったわけです。その人たちと話して、ミロシェビッチに強い手紙を書いたんですけど、彼は「それは演出されたものだ」というような言い訳をしました。私は、そんなことはあり得ないと非常に厳しく追及をする。そして、過剰な軍事行動をとっているということをはっきり言いましたし、それをなんとか改めてほしいということも強く言ったんですね。

一二月にはちょっとそれが一段落しましてね。避難民に対する私どものアクセスも保証されるし、過剰な手段を抑えつつあるんじゃないかと一応評価したんですけど、また冬の間にひどい殺害などがあって、一気に悪くなっていったのです」

NATO軍空爆の失敗

翌年二月に、アメリカのリチャード・ホルブルック特使を中心にしてフランスのランブイエで和平交渉が始まった。しかし、大きな進展がないまま三月一九日には決裂。同月二四日からNATO軍は、国連安保理の承認を得ないまま「人道的理由」によるセルビア側への空爆を強行した。これを事実上主導したのも、アメリカのクリントン政権である。ボスニアのときに比べると、ずいぶん迅速な軍事介入ではあったが、国連の決議ぬきで軍事行動に踏み切ったことや、誤爆事件が多発したことなど、多くの問題を抱えていた。

「どうしてコソボがそんなに大事だったかというと、やっぱりヨーロッパの裏庭だからなんですよね。あそこが非常に悪化して大きな戦争になる、あるいはたくさんの難民が逃げ出すということになったら、バルカンの安定は全部崩れますからね。ですから、戦略的な問題は大きかったと思いますよ。それに、あのときはNATOの創設五〇周年にあたっていました。その中でNATOが無力だということを見せるわけにもいかなかったんじゃないですか。

空爆はね、もう少し勝算があったのかと思っていたんですよね。

空爆の開始は三月二四日ですね。私どもは二三日までコソボ内で人道援助を続けたわけです。その間になんとか交渉が妥結しないかなと思いながら、ずっと続けていたわけです。今のままじゃもう耐えられない、いつまでも援助は続けられないという実感はあったんです。ランブイエでもう少し時間をかけて交渉すればなんとかなったのかもしれませんけど、NATOのほうで空爆するというふうにこぶしを挙げていましたからね。そうなるんじゃないかな、とは思ったんです。

その場合、セルビア軍およびセルビア民兵の撤退を目的とした非常に限定的な、しかし効果のある空爆なら、仕方がないんじゃないかなと思ったことはありますね。

だけど、七八日も続けなければならないほど効果がないものだということはわかりませんでしたね。誰もわからなかったと思いますよ。誰もそれを予測した人はいませんもの。うちの組織で軍に詳しい人たちも、空爆というのはせいぜい二週間どまりだと予想していました。NATO軍もそうだと思います。七八日も続けなければならないとは思ってなかったのだと思いますね。ところが、空爆が始まってから、たくさん難民が追い出されるわけです。結局、空爆で得られるものには限度があるわけですよ。空爆をしても、人があんなに動いたでしょう。『民族浄化』で、さらに人を追い出したわけですよね。

地上軍が出ていたら、それはできないわけです。だから本当に人を守ろうと思って軍を出すのだったら、地上軍を出さなければだめでしょうね。でも、アメリカは絶対に自分の部隊を危険にさらしたくないから出さない。だから、本当の勝利というのは、なかなか得られないのですよね」

国内世論対策に利用された「人道援助」

NATO軍による空爆は、結局、事態をさらに悪化させた。空爆にさらされたセルビア側が「民族浄化」をさらに強めたため、八〇万人にのぼるアルバニア人が難民となって国境に押し寄せたからである。空爆によって「人道的危機」は増幅されたのだった。

緒方さんは、ただちに隣国のアルバニアやマケドニア国境に飛んだ。そこでは、まさにクルド難民のときと同じことが起きていた。マケドニアは、国内の少数民族であるアルバニア人と緊張関係にあったため、治安の悪化を恐れて国境を開こうとしなかった。

「マケドニアは複数民族国家ですから、あまりたくさんのアルバニア人が入ってくると国内の民族的なバランスが崩れて国内政治がおかしくなる。もう一つは、あそこにＮＡＴＯ軍がいるわけですよね。アメリカはＮＡＴＯ軍が駐留できるようにしておきたい。だからマケドニアが崩れては困る。そういう戦略的な考えがあるために、難民が入ってくるのをマケドニアが抑えても、強く批判する立場をとらないわけですよね。
そのあたりは本当に、政治戦略の利害と人道・難民保護の利害が衝突したわけですね。私どもずいぶん厳しく批判されましたよ。私どもは国境を開けてほしいという交渉をしつつ、マケドニアの現実も考え、どこか別のところへ連れていくとか、いろんな交渉をしたのです」

メディアはこうした難民の窮状を連日報道し、空爆の効果に疑問を呈していった。世論に追いつめられ、次第に危機感を募らせたＮＡＴＯ諸国は、空爆を続ける一方で難民の救援に参入してきた。

「難民のことをなんとかしなきゃいけないと世論が湧《わ》くと、人道援助の最先端に立ったような姿を政治家は見せなければならないわけですね。やらなきゃならなくなるわけです。特にそれが選挙の時期であったりすると、よけいにそうなります。それは民主政治の一種の副産物でもあるんじゃないでしょうか。特にヨーロッパの国々はそうでしたよ。政治家が難民キャンプの最先端に駆けつけてくるんですから、大変でした。

NGOもたくさん来ましたし、物資もそれなりにたくさん来た。ただし、無秩序にね。誰かがきちんとこれを管理していれば、必要なものが必要なときにいろいろなところに行くわけですよ。ところがキャンプをつくろうにも、まず場所が決まらない。行ってみると、どこかのNATO加盟国の軍がキャンプをつくっている。レベルもばらばらで、まるでヒルトンホテルのような立派なのが出てきたり、ひどいのが出てきたりと、そういう状況でしたね。

みんな競争して、人道的な形でやっているということを示すことで国内政治の点数稼ぎをしたいわけですよ。政治家の点数稼ぎという意味がずいぶん大きかったですね。一方では、空爆しているのですからね。空爆に対する批判もあるわけですよ。その分だけ人道援助で見せなければならないと。

つまり、人道援助の国内政治への利用ですね。コソボの場合、そういうものは非常に激しかったんじゃないですか。最も望ましくない形での人道援助競争が起こった。しかも、人道援助の中で中心的な役割を果たすべき私どもは、手足も物もお金ももらえないという状況で、うまくいかないときだけ批判されるわけですからね。それはかなり不愉快な経験だったと思いますよ。

冷戦の時代は、国際的な政治の取引は、国家が他の国家に対してより有利な立場をとるという基準で行われたんですね。ところが冷戦がなくなってくると、国内政治の要因、たとえば選挙がどうなるかとか、そういうことによって非常に左右されるんですね。それは痛感いたしました。国内政治の時代に入っているんです」

「空爆」は解決策にならない

空爆のさなかの五月一九日。緒方さんは、ノルウェーで開かれた「人間の安全保障」に関する国際会議に出席した。ＮＡＴＯ諸国も参加していたこの会議で、緒方さんは空爆に代表される場当たり的な対応について、言葉を選びながらも厳しい批判を加えた。

「一万五〇〇〇フィート上空から爆弾を落とすことで、対立しながらも絡み合いながら何百年間もともに暮らしてきた地域社会の人々の問題が果たして解決されるのだろうかと疑問に思わずにはいられません。仮に市民に対する暴力が収まったとしても、果たして崩壊した生活を立て直し、地域社会の共存をもたらすことが簡単になるのでしょうか。（中略）なぜ国際社会は、現在バルカン半島で見られるように、『ハード』と『ソフト』両方の手段が効き目をもたなくなる段階まで事態を放っておくのでしょうか。人道的に許されない悲劇が起きて世論の声が高まってから、政府は危険で出費も多く、政治的にもリスクの多い軍事的な手段に訴えます。しかし、そうなる前から、もっと的確な時期に徐々に対処していったほうが良いのではないでしょうか。いま行われているのは、まさしく『ミッション・インポッシブル』（遂行不可能な任務）です。爆発寸前の情勢下、自国の兵士の犠牲をできるだけ抑えながら、きわめて複雑な民族的緊張に解決を与えようというのですから。さらに、なるべく市民を標的にはしないと言いながら、あまりうまくいっておりません」

同行していたフィリッポ・グランディ官房長は、この演説にとりわけ強い印象を受けたという。

「緒方さんは空爆について、非難こそしませんでしたが疑問を投げかけました。最も大切な問題を見失わないようにしましょう、と言ったのです。人々の安全を確保するには空爆では十分ではない。コミュニティ（共同体）に入っていって、一軒一軒の敵対意識から生じる危険に目を向けなければなりません、と。彼女が暗に言おうとしたことは、『爆撃が終わればアルバニア人が帰国できるかもしれないが、それで問題を解決したことになるのだろうか』ということでした。その後の事態を見れば、指摘が正しかったことは明らかです。今度はセルビア人が逃げ出したのですから。空爆が行われている中、NATOの加盟国内でこのスピーチをしたということは、かなり勇気のいることだったと私は思います」

一九九九年六月九日、ユーゴスラビア連邦共和国は和平案を正式に受諾した。コソボからセルビア軍は全面的に撤退し、コソボの行政は国連コソボ暫定統治機構（ＵＮＭＩＫ）に委ねられることになった。

しかし、アルバニア系難民が帰還すると、今度は「逆民族浄化」が始まった。かつて非道な行為を働いたセルビア人に対する報復が始まったのである。三カ月のうちに、セルビア系住民およそ二〇万人がコソボを脱出した。あとから振り返れば、ノルウェーでの緒方演説は、その後の事態を的確に予見した「警告」になっているように思われる。


「私どもは人道機関として、正面から政治的な批判をするのは避けていますけれども、『そういうアプローチではなかなか問題は解決しないでしょう』という程度にははっきり言ったのです。どこからも抗議は来ませんでしたよ。アメリカ政府の人が、批判すべきかどうかと考え、ずいぶん私のスピーチを分析してみたそうですけどね。

民族が、民族主義と自分たちの権限の確保ということで動いているかぎり、そういう民族主義が鎮火しないかぎり、問題は解決しないんですよね。それは国家とか政治を超えた問題でしょうね。それに対して、国際社会が外からどこまで介入できるのかということです。

人間というのは、そんなに利口じゃないんですよ。聡明でもないんですよね。やはり感情的なものというのが非常にある。アルバニア人にしてみたら、長い間虐げられてきたから、そこから自立したい。セルビア人にしてみたら、これはセルビアの発祥の地であると。セルビア系とアルバニア系の民族的な融合というのは、まだまだこれからの問題ですよ。その共存をどういうふうに図っていくか。コソボの独立、あるいはどの程度の自立が望ましいのか。これはまだ政治的な課題としてまったく解決がついておりません。その間の時間を買うんでしょうね、国連の行政というのは。

やっぱり、人間と人間の争いというのは、そんなに簡単に解決しないんですよね。時間というものが必要なんです。その時間を買う間のさまざまな対策、支援、それをどこまできちんと国際社会が見ていくかということだと思いますよ。最終的には、人間と人間の関係なんですから。コミュニティとコミュニティの関係なんです」

難民問題を解決するために

ボスニアそしてコソボと続いたバルカン危機は、UNHCRにとってクルド問題をはるかにしのぐ大きな試練となった。

そこで提起された最大の問題は、紛争下で行われる人道援助と、国連などによる政治解決をどのようにリンクさせるのかということである。
政治解決が手遅れとなり民族紛争が燃え上がってしまった場合、たとえ人道援助を続けたとしても多くの人命が失われることになる。スレブレニツァの虐殺事件を調査したコフィ・アナン事務総長による報告（一九九九年一一月）は、この点について痛みに満ちた総括を行っている。
「スレブレニツァの極めて重要な教訓は、住民全体を恐怖に陥れ、追放し、殺害しようとする計画的かつ組織的な行為に対しては断固として、あらゆる手段を駆使して対抗し、その政策を最後まで貫き通す政治意志を持たねばならないということである。バルカン地域では、この一〇年で、この教訓を思い知らされる機会が一度ならず二度もあった。ボスニアのときもコソボのときも、国際社会は話し合いによる解決をめざして、悪辣で残忍な政権と交渉を重ねた。そしてどちらの場合も、一般市民に対する計画的かつ組織的な殺人と追放をやめさせるには力の行使が必要だった」（『世界難民白書　２０００』ＵＮＨＣＲ　国連難民高等弁務官事務所編　二〇〇一年）
アナン報告には、「もっと最初から断固とした対応をとることができれば、こんなことにはならなかった」という痛恨の思いがにじむ。

「軍事力というものは、使うべきときに使わなければならないわけですね。その軍事力も半端、それから政治的な交渉も半端と、こういう中で人道援助がずっと続けられていくわけですから、腹を立てるというか……ぎりぎりの線のところでいつもいろいろなことをやらされていましたからね。

難民問題というのは、政治が解決しないかぎりは解決しないんですよ。政治対立が軍事対立になっていくという状況が止まらないかぎり、難民はなくならないんです。人道的な支援、難民のそばにいて保護するということで一時的には解決しますけど、根本的には政治的な解決がなければならない。特に政治的な解決が軍事的な手段によって延ばされると、もう全然解決しないんです」

緒方さんは、大量虐殺など人道的危機をはらむ紛争の解決にあたって、ときに限定的な軍事力が必要であることを否定していない。ただし、コソボの例でも明らかなように、空爆のような形での武力行使は「解決策」にならない。必要なのは「政治的な交渉を成功させる最後の後ろ盾」としての軍事的圧力であり、実際の行使にあたってはいくつもの条件がつく。そもそも武力行使によって一般市民が犠牲になるのでは、本末転倒である。

最も大切なことは、抜き差しならない事態に至る前に、国際社会が全力で政治解決を追求しなければならないということである。そうしないかぎり、難民問題は解決しない。そこに緒方さんが訴え続ける主張の核心がある。

第五章　厳しさを増す人道援助

――ルワンダ難民

ルワンダ難民の子供たちに囲まれて。UNHCR / P. Moumtzis

大量虐殺が生んだルワンダ難民

ボスニア紛争が激化していたさなかの一九九四年七月、アフリカ中部のザイール（現在のコンゴ民主共和国）に隣国ルワンダから大量の難民が押し寄せた。わずか四日間で一〇〇万人の人々が国境を越えるという大規模な難民流出だった。いわゆる「大湖《たいこ》危機」の始まりである。

民族紛争では、救援を求める難民が同時に紛争の当事者でもあるという場合があるが、ルワンダ難民がまさにそのケースだった。難民の中に多数の武装勢力が混じっていたからである。

難民流出の原因は、ルワンダ人口の八五％を占めるフツ族と一四％を占めるツチ族との対立にあった。植民地時代にベルギーから優遇された少数派のツチ族は独立以降、クーデターで政権を掌握した多数派のフツ族から逆に抑圧を受け、公職などから排除された。両者の対立は、やがて内戦に発展する。九三年にはいったん和平協定が結ばれ、国連から平和維持軍も派遣されたが、九四年の春から再び戦闘が激化。フツ族過激派によるツチ族（およびフツ族穏健派）の虐殺が始まった。そこから大量の難民流出が起きたのである。

「たくさんのツチ族がウガンダに亡命していたのですね。その人たちが、やがて武装して戻ってくる。そういう意味では、戦闘は九二年ぐらいから続いていたのです。

九四年の春ぐらいになってから、首都キガリでの攻防戦が激しくなって、いよいよこれはキガリも陥落するんじゃないかというような状況になってきたときに、フツ族の大統領の乗っていた専用機が撃墜された。これは大変なことになると、うちの代表などが言い出しました。私どもが最初にやったのは、当時ルワンダの中にいたブルンジの難民を何とかして安全なところに移していくということです。ブルンジの難民を国外に出す、ブルンジに戻すということで必死だったのですね。その中で私たちの職員も逃げました。

ルワンダの中ではずっと紛争が続いて状況がよくわからない。難民がいないので、私どももルワンダの中にいなかったのですけれども、食料援助の仕事をしている人たちがいたわけですね。そういうところの話から、どんどん人が殺されているという情報が入った。でも、いったいどうやって介入するかということについて、やっぱり国際的に合意がなかったのですね。外から入るとか、それとも中にいる平和維持軍を強めて中から収めるかとか、いろいろな議論がありました。

そうして、六月の終わりごろだったか、ザイールの側のゴマに駐屯しているフランス軍の人たちがルワンダに入ってきて、うちの職員が初めてそのヘリコプターに乗せてもらってルワンダの中を見たら、ものすごい数の人が西へ西へと動いていると。これが私どもに入った最初の知らせですね。

動いているけれども、いったいどこの国境から何日に越えるかということはわからないわけです。そこで、タンザニアにいたフィリッポ・グランディを緊急にゴマに送り、そこで受け入れる準備を大急ぎでしたのです。四月にタンザニアに難民が出たときは、一日に二五万人。それは何とかまかなえたんですよね。ところが、今度は四日間で一〇〇万人以上出ていったわけですから、大変な緊急事態になりました。

動きはじめたのは七月の一四日から一八日ぐらいまでだったと思うのですけれどもね。ジュネーブの各国代表部のみなさん、大使の方々に声をかけて、たしか金曜日の夕方の五時に緊急に集まっていただいたのですね。こういう状況になって、われわれには対応する力がない、何とか援助してほしいというアピールをしました。そして七時過ぎに家へ帰ったら、アメリカの大使から電話があって、『ワシントンに連絡した。あらゆることをして、いろいろな輸送の手伝いをする』ということでした。それからどこに何を頼むかというのを緊急に決めまして、水はどこ、空輸はどことという具合にアピールを出したんですね。あのときほど、たくさんの国がすばやく応援してくださったことはなかったと思います。本当にあのときは昼夜みんなで頑張りましてね」

四月から七月の間に起きた大量虐殺で、八〇万人というおびただしい数の人々が殺された。主犯はフツ族の過激派だったが、煽動《せんどう》的なラジオ放送に影響を受けて多くの民間人も暴動に加わり、鎌《かま》や鉈《なた》を使って隣人たちを殺していった。当時、国内には国連ルワンダ支援団(UNAMIR)という平和維持軍が展開していたが、その大半は暴動の発生直後に撤退してしまい、虐殺の発生を止めることができなかった。

やがてツチ族は反撃に転じ、数週間で全土を制圧する。内戦に敗れたフツ族旧政府軍の兵士たちは報復を恐れ、一般市民を率いて隣国ザイールに逃れた。これがザイールへの一〇〇万人規模の大量難民となったのだった。

「ルワンダ側のギセニというところからザイール側のゴマに渡るんですけれどもね。そこのところで武器は押収しているのですよ。山のようにありましたからね。私は七月の終わりか八月の初めにかけて、二週間後ぐらいに行ったのですけれども、武器は山のようにいっぱい積んでありました。だけど、隠してあったりとか、いろいろなのがあったんでしょうね。やっぱり負けた人が逃げていったのですからね。

みんな家族ぐるみ、町ぐるみ、村ぐるみで、立錐《りっすい》の余地もなく動いていて、途中で食糧の援助をすることもできないんですね。やったら総倒れになってしまうから、食料品を渡すのを先に延ばしました。一本道で、非常に地形も悪いですしね。途中で人が倒れたりすることはもちろんあるわけですけれども、ずっと先のほうで初めて食糧を与えるという事業を始めたんです。国境を越えてしまって、大きなキャンプができた。一二〇万ぐらいですから、これは大変な人数なんですよね。そのときコレラ騒ぎというのもあったのです。これはもう大変でした。私は初めてコレラで寝ている人たちをいっぱい見ましたけれどもね。ゴマの町というのは死体の山でした。

まず第一に、コレラに対応するのに水が必要なわけです。水で洗い出すわけですから。その水をキブ湖からポンプで汲《く》み上げて、浄化して、そしてトラックで配ったんですね。そういう意味での人道的な作戦としては最大規模じゃなかったでしょうかね」

このとき日本も、国際平和協力法に基づく初めての「人道的な国際救援活動」として自衛隊の部隊などをゴマに派遣し、医療、防疫、給水、空輸などの分野で救援活動を行っている。各国の協力で緊急援助は動きはじめたが、やがて大きなジレンマに直面することになる。人々を率いて脱出したフツ族の旧政府軍兵士や民兵たちが、密《ひそ》かに所持していた武器によって難民キャンプを公然と支配しはじめたからである。大虐殺の首謀者である彼らは、援助物資を手中に収め、難民キャンプをベースにして祖国ルワンダに反撃する機会をうかがっていた。

難民キャンプの軍事化である。緊急援助を指揮したベテラン職員のフィリッポ・グランディは深刻な矛盾に苦しむことになった。

「私たちの援助が間違った相手に渡っていることは明らかでした。しかし自分たちの力ではそれを止めることはできなかったのです。フツ族の兵士たちは、罪のない難民たちを『人間の盾』として人質にとり、自らの身を守るという悪賢い計算をしていました。

多くの難民が私たちのところに来て、ルワンダに戻りたいと言い出しました。キャンプは込み合っていましたから、これは唯一の解決法でもありました。ところが、私たちが帰還グループを組織しようとすると、銃を持った人々が出てきて、こう脅したのです。『そんなものを組織したら、おまえを殺すぞ』と」

フィリッポ・グランディ氏。NHKの番組から

孤立無援の戦い

現場を視察して状況を把握した緒方さんは、国連軍を派遣するようガリ事務総長に依頼した。

「あのときは、軍人とその家族を合わせて九万人ぐらい。

これをどこか別のキャンプに移そうとして、一時ザイールの中で場所まで決めたこともありました。でも、どうやってその人たちを引き離して飛行機に乗せるか。誰の飛行機に乗せるか、乗せて行った先で誰が支援をするかというような話し合いが結局つかなかったのですね。それで、成功しなかったのです。

ごちゃごちゃに混ざっている中に行って、この人は武装解除、この人はあちら側というふうに仕分けをするのは民間人ではできません。軍人が混じっているからどうにもならない、国連軍を出してほしいということで事務総長などにずいぶん話しました。事務総長は五〇カ国ぐらいに軍の派遣要請を出したけれども、やるという答えは一カ国しかなかったと言ってましたね」

人道援助には熱心だった各国も、軍の派遣にはまったくと言っていいほど消極的だった。当時のガリ事務総長(エジプト出身)は、その内情を自嘲気味にこう証言する。

「なぜだか言いましょうか。みんなうんざりしているのです。アフリカの出来事に対するある種の無関心があるのです。一種の差別とも言えるでしょう。ヨーロッパで紛争が起きれば国連加盟国の何カ国かは注目するでしょう。しかし、アフリカで紛争が起きても注目しないのです。たとえば旧ユーゴスラビアには、一日あたり五〇〇万ドルをつぎ込んでいました。一方アフリカの場合、たとえばリベリアのために私が要求したのは一年で二五〇〇万ドル（一日あたり約七万ドル）です。それでも出してはくれません。ここに問題があるのです」

結局、国連軍は派遣されず、兵士と難民を分離することはできなかった。UNHCRの支援はフツ族武装勢力の温存に手を貸す結果になり「虐殺者を支援している」との非難まで浴びた。道義的な問題を理由に「国境なき医師団」など有力なNGOまでが撤退を表明する。緒方さんは、それでも現場での援助活動を続けた。

「もちろんこれはフツ族のキャンプですから、その中に殺戮者や民兵がいるとか、いろいろあると思うのですよ。だけど同時に、その人たちの家族がいる。部族社会ですから、非常に大きな家族があって、女性そして児童というのが半分以上ですからね。その中で、けしからんと言って食糧を止めるとか、そういうことはできないんですよ、やっぱり。

私どもは、キャンプを見捨ててどこかへ行くというような自由はないわけです。『国境なき医師団』の人たちが来て、道徳的に問題だから出ていくと言った。私は『あなたはNGOだから、その意味では自由なんです。しかし、私どもとしては責任のある機関としてそういうことはできません』と申し上げました。だって仕事があるんですから。そこに何十万の人がいるわけですよ。私どもが出たら、その人たちはすべて地域全体に散らばっていくわけですよね。いくらキャンプの中の治安が乱れているとか問題があっても、あそこの地域に一〇〇万人規模のキャンプがあったことで、少なくともその人たちがザイール中を動き回って混乱を招くということを阻止していたわけですよ。そういう効果もあったのですね。

ルワンダとザイールの間の二カ国間の協議とか、いろいろなことをやりましたよ。それも効果を何も生まなかったのですね。それで、われわれはいろいろな工夫をしましてね。ザイール軍のモブツ大統領の親衛隊がきちっとした訓練を受けているというので、その人たちにキャンプの整理をさせようということになりました。ちょっと決断が必要だったのですけれども、別のユニフォームをつくりましてその人たちにあてがい、給料も一人一人に直接現金で払ったのです。軍人を警備の仕事に振り替えるときには訓練が必要ですから、国際的にいくつかの国からコンサルタントという形で採用して、ザイール軍の親衛隊の訓練と監督をお願いしたんですね。

一年ぐらいは、かなり機能したんですよ。九五年の二月に私がまた視察に行ったときに、その親衛隊の人たちのキャンプに閲兵に行ったことがあるんですね。今から考えると、あんなことまでしたかと思いますけれども」

しかし、こうした自助努力にも限界があった。難民から武装勢力を完全に分離できなかったことは紛争をさらに長引かせ、泥沼化させていったのである。

フツ族武装勢力は難民キャンプを拠点にして、ルワンダにできたツチ系の新政権、さらにキャンプ周辺地域に住むツチ系ザイール人とも紛争を引き起こした。紛争は悪化し、ウガンダ・ブルンジなどツチ系の周辺国の思惑も絡んで複雑な経過をたどり、ザイールの大規模な内戦に発展していく。二年後の九六年八月、主にルワンダ政府の支援を受けたツチ系の反政府勢力が一斉蜂起し首都キンシャサへの進撃を開始すると、難民キャンプは激しい攻撃にさらされた。一〇月三一日にはゴマキャンプが陥落、UNHCRの職員もルワンダ側へ脱出せざるを得なくなった。激しい戦闘の中で罪もない多くの難民が亡くなり、生き延びた者も安全な場を求めて逃げまどい、一〇〇万もの人々がキャンプから姿を消した。

「そのとき私はニューヨークにいたんですけれども。一〇〇万人もの人を見失うというのは初めての経験でした。どこへ行ったかわからないわけです。みんな山なんかへ逃げてしまった。その中で、最終的には難民がルワンダに向かって帰りはじめるのです。そのときは、びっくりしましたね、本当に。

でも帰りはじめたということ自体は大変いいことだと思って、みんな張り切りました。私たちは、帰ってきたときのために九五年の時点でたくさんの一時収容施設をつくっていたのですね。そういうものが功を奏して、難民を収容することができました。しかし、すべて帰ってきたわけではありません。

一一月に、ようやくカナダを中心とする多国籍軍が出てくることになりました。まだ帰ってきていない人々を探すことになって、アメリカ軍が空中から写真を撮ったりもしたんですけれども、どこにいるかわからないというわけです。

ルワンダ政府は、六〇〜七〇万ほど帰ってきたので難民はもういないと主張していました。ルワンダ政府としては当然、多国籍軍の介入はしてほしくなかったわけですから。

私どもは、その夏にたまたま人口調査をしたので、もともとの難民の数が一二〇万人ほどいたということを把握していました。それから六〇万とか七〇万が帰ったとすれば、三〇〜四〇万はどこかに行っているはずなのです。

ところが、せっかく出てきた多国籍軍が九六年の終わりに、ルワンダ政府の主張どおりに『もういない』と宣言してしまった。帰ってないことは明らかなのですけれども、帰ったということで撤退してしまうわけですよ。あのときは本当に怒りを感じました。軍の人たちはさっさとクリスマス前に引き揚げたわけです。

政治的に考えますと、アメリカもヨーロッパの国も、これ以上ルワンダ、ザイールの内乱の深みにはまりたくなかったのでしょうね、今から考えるとね。だから数字を出して、もういないと決めつけたのでしょう」

密林に消えた四〇万人を追って

推定四〇万人。国際政治のはざまで見捨てられた難民を救うため、UNHCRによる一大捜索・帰還作戦が始まった。密林の奥に車や徒歩で分け入り、まだ生きている人々を捜しては救い出すという過酷な救出作業だった。先にUNHCRが見つければ救うことも可能だが、反政府軍に見つかれば殺される可能性が高い。まさに時間との戦いだった。

九七年四月、救助活動は最大の危機に直面した。ザイール最大の都市キサンガニの大きなキャンプから八万人の難民をルワンダに空輸しようとしたまさにそのとき、反政府軍が行く手を阻んだのである。九四年から引き続き援助活動の指揮をとっていたフィリッポ・グランディは、ここでも苦しい選択を迫られた。

「一触即発の状態でした。われわれが出発しようとすると、彼らは私たちを脅しました。出発すれば、おまえたちも殺すと言われ、いくら交渉を重ねても出発できません。そこでとうとう、私は緒方さんに電話しました。上司や仲間ではなく、緒方さんに直接電話をかけたのは初めてでした。ザイールのまん中、キサンガニの私の電話から、緒方さんの番号をダイヤルして状況を説明したのです。難民に近づくことができません、どうしたらよいでしょうかと。いったん手を引いて、難民が虐殺されていると世界に訴えましょうか。あるいは、ギリギリの交渉を重ねて一人でも多くの難民を助けるほうに賭《か》けましょうかと尋ねました。緒方さんとしては、非常に難しい決定だったと思います。しかし、電話で延々と議論した後、私たちはとどまる決心をしたのです。これは究極の選択でした。とどまるにしろ中止するにしろ、賛否両論がありましたから。しかし、緒方さんは『危険にさらされている人々の隣にいることが最も重要である』と信じていたのだと思います。その基準が適用されました」

ＵＮＨＣＲによるまさに命がけの救出活動は同年九月まで続き、救われた人々は合計二六万人にものぼった。うち六万人は空輸によってルワンダに帰されている。

「ルワンダに帰す以外に人々が生き延びる道はない。帰ったって殺されるかもしれないわけですよ、フツ族なんですから。でも帰らなければ完全にザイールの中で殺されるだろうというので、車やトラックとそれから飛行機と両方で帰したんですね。そのうちの何人が死んだか私はわかりませんけれどもね。でも、連れて帰らなければ絶対に生きるチャンスはなかったんですから。

ルワンダにおける最大の問題も、やっぱり政治的な解決がなかったということです。

ルワンダは非常に小さい国です。周辺の国にも同じようにツチ族、フツ族がいるわけです。そういう非常に複雑な人口構成の中で紛争が起こって逃げ出していったとき、国際社会にはほとんど打つ手がなかったのでしょうね。さらに、アメリカはルワンダのツチ族を支援していたと思います。フランスはフツ族を支援していたのですね。そういうことも微妙に跳ね返っておりまして、なかなか中立的な解決というところにはいかなかった。私どもはその間に挟まれて、何とかそれでも最低限の命を救っていくということに専念したわけです」

狙われる援助職員の命

ザイール（一九九七年にコンゴ民主共和国と改称）の内戦は、ダイヤモンドや希少金属など豊富な鉱物資源を狙う先進国・周辺国の利権争いも絡んでさらに泥沼化した。六年間の内戦の果てにようやく二〇〇二年に停戦合意が結ばれ、新しい国づくりに向けた動きが始まったばかりである。

冷戦終結から一〇年ほどが過ぎた今も世界各地で民族紛争の火種がくすぶり続けている。バルカン、チェチェン、アフガニスタン、シエラレオネ……相次ぐ民族対立によって世界の難民の数は過去一〇年で急激に増え、二〇〇三年ではおよそ二〇〇〇万人にのぼっている。

ルワンダで典型的に見られたように、人道援助に携わる人々の危険も増すばかりだ。難民を保護するため、武装勢力と交渉することがもはや珍しいことではなくなった。援助物資が狙われたり、対立勢力のスパイと見なされて標的にされることもある。その中で命を落とす人々があとを絶たない。

緒方さんが退任する直前の二〇〇〇年九月には、独立をめぐって揺れるティモールでUNHCRの職員三人が惨殺されるという事件が起きた。UNHCRが進めていたティモール難民の帰還活動が、独立に反対する民兵たちの攻撃目標になったのである。民兵の率いる群衆が西ティモールのアタンブア事務所を包囲、三人の職員は刃物で何度も斬《き》りつけられ、遺体は通りに引きずり出されて焼かれた。

亡くなった職員の一人が殺される直前に友人に送ったEメールにはこう書かれている。

「民兵達がここへ向かっている。この事務所をたたきつぶすつもりだ。彼らは何も考えずに行動するし、蚊を殺すように簡単に人を殺す。……僕たちは敵を待っている。武器もなく、ただ座って、攻撃の波に襲われるのを、えじきになるのを待っている」（「難民 Refugees」二〇〇一年第二号　UNHCR日本・韓国地域事務所編）

それから数日もしないうちにアフリカ・ギニアでも職員が一名殺された。それは、創立五〇周年の節目を目前に控えたUNHCRにとって、まさに「暗黒の一週間」となった。緒方さんは、海外の現地視察を途中で切りあげてジュネーブに戻り、怒りをあらわにして文書や集会で訴えた。

「はっきり言いましょう。もう我慢の限界です。国際社会が事態を直視しないかぎり、われわれは任務を遂行できません」

「なぜ武器ももたず、罪もない人道援助職員がこのような残酷な方法で殺されなければならないのか。助けをどうしても必要とする多くの難民を援助するためにどれだけの危険を冒すべきなのか。そしてわれわれと国際社会は、劣悪な環境に置かれた善良な人々を守るためにさらに何をすべきなのか」

平和維持機能の強化が必要

必要なことは、人道援助と平和維持活動の効果的な組み合わせである。

緒方さんは、この点について具体的な提言を行っている。それは、紛争の状況に応じて平和維持活動に「段階的なオプション」を用意するという方法である。

「平和維持活動は、もともとは『線』でやったわけですよね。平和維持活動がいちばん繰り返し行われたのは中東ですけれども、きれいに休戦のラインが引かれて、そこに平和維持活動というのは展開したわけですね。キプロスだって、グリーンラインという『線』があって、そこで展開しているわけです。

しかし、最近の紛争では、『線』じゃなくて『点』になってきたわけです。紛争地の大事なところに点在するわけですよね。国境を越えての紛争じゃないんですから、安定をしようとすると点になるわけですね。これでは、平和維持活動の効果を上げていくというのも難しくなります。ボスニアももちろんそうだったし、クロアチアの国連の保護地域でもみんな『点』になってきましたから、これからは私は『点』のほうが多いと思いますね。

紛争というのは一つの大きな形があるんじゃなくて、段階的にあると思うんですよね。非常にローカルなものから、地域に広がっていく。それからさらにこれが国際的な紛争になるという、それぞれに対応した紛争処理のメカニズムが必要だし、そのメカニズムを強化するための一種の強制主体が必要になってくると思う。

いちばんの底辺では、国連の平和維持活動などは行われないでしょう。しかし、難民が出ればわれわれはそこに行くわけですね。その中には軍事要員だった人が必ずいると思うんですよ。戦って負けたほうが逃げて難民になっていく場合が多いんですから。その武装解除をして、どういうふうな形で社会に吸収していくか。あるいは逃げた難民の安定をどうやって守っていくかということになりますと、私どものような人道要員だけでなくて、法と秩序を守るため一種の警察のようなものが必要なわけですよ。

それは、本来なら受け入れる国家がやることです。ところが、そういうたくさんの人たちが逃げてきても収容する能力のない国がたくさんあるわけですよ。そのときに、どういう形で法秩序の維持をするか。犯罪者がいたら法廷に連れていく司法制度の存在とか、そういう底辺の問題は、積極的にやっていかなきゃならないだろうと思うんです。

それが国境を越えてさらに周辺諸国に広がっていくと、地域の平和維持機能みたいなものが必要になってくるだろう。それがさらに国際的に広がったときには、国連平和維持軍が出ていかなきゃならないんじゃないかと思う。そういう「段階的なオプション」を私は考えておりますし、国連の平和維持関係者ともそういう話し合いをしております。

ある程度の平和と安全がなければ、難民の保護もできない場合が多いのです。ですから、もう少し平和と安全を担当している側からの工夫が必要だし、出動のスピードももうちょっと速くしてほしいと思います。だって紛争があれば、私たちが先に行って、平和維持活動はあとからやっと出てくるわけでしょ。それで、彼らが終わって帰ったあとにも、私どもの活動はまだ続くわけですからね。どういうふうに重なり合ったら効果的な結果が出てくるか、もうちょっと考えないとね」

二〇世紀が終わっても

ＵＮＨＣＲは毎年、北欧の軍事施設などを使って、危険地帯で任務を果たすための訓練を行っている。武装勢力が人道援助職員を襲撃したり、検問で止めたりする場面を想定して、交渉の手法を具体的に研修するのである。ジュネーブの本部でその様子を記録したビデオを見たが、まさに実戦さながらのリアルな訓練だった。応対を間違えたために撃たれてしまったり（もちろん想定だが）、難民を危険にさらしてしまうような場面もある。頼りになるのは、自らの交渉力だけである。

「正直に言って、現在の世界でこの仕事をしていて犠牲者ゼロというのはほとんど不可能だと思うんです。どこまで限りなくゼロに近づけるかということじゃないんでしょうかね。

職員が死んだら、どんな夜中でも電話が入ります。それ以外はみんな遠慮してくれますけれども……。職員の訃報が入ってくるときは、相当つらいですね。

チェチェンで三一七日も人質になった者がいて、これも苦労いたしましたよ。一年近くも人質になって。私もそうでしたけども、担当した人も本当に大変だったと思います。家族の不安もありますし。人質の釈放というのはものすごく交渉が難しいんですね。あちこちでべらべらしゃべったらできませんからね。

いろいろなことがありました。援助物資を積んだイタリア軍の空輸機が撃墜されたことがありましたし、それからいちばんひどかったのは中央ボスニアで、うちのトラックの輸送隊がトンネルの中で襲撃に遭ったりしたこともありましたしね。今回のティモールはものすごく残虐でしたから、その残虐性は本当にショックでしたね」

事件のことを思い出したのか、緒方さんはしばらく声を詰まらせて考えこんだあと、ゆっくりとつぶやくように言った。

「そんなに平和ないい世界に住んでいるんじゃないですよ……二〇世紀が終わってもね」

第六章　紛争地域の再生に向けて

クロアチアにて。UNHCR / S. Foa

憎しみを乗り越えるために

隣人同士が殺し合った民族紛争の場合、たとえ紛争が終わって難民が帰還しても、互いの憎しみが消えないかぎり争いが絶えることはない。いかにしてコミュニティを再建し、正義と秩序を回復して共存を進めていくのかが重要な課題になる。

ボスニアやルワンダについては戦争犯罪法廷が国連によって設置され、内戦中の残虐行為を裁く取り組みが始まっている。こうした真実の究明は重要だが、最終的には時間をかけて民族の和解を進めていかなければならない。

人口の半数以上が家を追われたボスニア・ヘルツェゴビナでは、一九九五年の和平合意以降、難民の帰還が始まった。NATO軍を中心とする多国籍軍が治安警備をする中での帰還事業だったが、それも容易には進まなかった。現地の指導者たちは、先回りして自分の民族を空き家に住まわせるなど、さまざまな妨害を繰り返したからである。とりわけその地域の少数派は、怯《おび》えてなかなか帰ろうとはしなかった。

「難民が帰るということは、つまり民族浄化、民族紛争の解決の糸口が出てくるわけです。それを、今後どういう形で共生・和解、そして安定・繁栄へともっていくかというのが大きな挑戦になるわけですね。

憎しみ合った人がもう一度共存できるのか。歴史が繰り返すのを見ると、できないのではないかと思ったりすることもあります。それでも、過去に一緒に暮らしてきたんだからできるんじゃないかと思ったりね。確信はないのですけれども。

やっと紛争が収まってきて自分の家を見に帰ってみたら、隣の人が口もきいてくれないし顔も見てくれなかったというような話を聞くと、やっぱり恐ろしいことだったのだなあと思いますよ。それでも帰っていく人が出てくるのですが、その人たちの家屋の事情が本当に複雑なんです。すでに他の人が住んでいますからね。そういうものの仕分けというのがずいぶん続きました。

それで、やっと一緒に住み一緒に仕事をする。そのことによって、和解とまではいかなくても『共生』のチャンスをつくる。そういった共同体づくりのプログラムを工夫しはじめているのです。共生に至らないと、本当の和解なんかになりませんからね。ばらばらになっちゃいけないんですよね。やっぱり人間がお互いに助け合っていけるというような連帯感が必要です。

紛争のあとの社会というのは、男性より女性のほうがずっと多いですよ、そもそも。ルワンダやボスニアにおいては、六、七割は女性だったと思いますよ。女性と子供は残されたんですから。女性はやっぱり価値の伝承者ですからね。もちろん男性ももっとしなきゃいけないと思うんですけれども、家庭を通して価値を伝えていくというのは非常に大きな女性の役割だと思います。家庭の中心に女性がいるということは、社会のコミュニティの中心に女性がいるということになるわけですから。それに、同じ出資をするにしても女性に出すほうが社会に与える効果は高いし確実なのです。たとえば食糧を例に挙げますと、女性は自分が多少食べなくても子供にあげたりしますからね」

「共生」をめざす計画

緒方さんは、崩壊した共同体を再建するためにさまざまなプロジェクトを立ち上げていった。その一つが、九六年一〇月に着手された「ボスニア女性イニシアチブ」という事業である。女性たちが立ち上げた小規模のビジネスに資金援助を行い、その自立を支援するというものだ。投資先の選定にあたっては、収益が確実に見込まれるだけでなく、社会の和解を促進するものが優先される。当初アメリカからの資金提供で始まったこの事業は、やがて日本やヨーロッパからも資金が提供され、九九年末までに五〇〇近いプロジェクトが支援の対象となった。農業、畜産、養蜂、食料加工などからパソコン教室、ラジオ局、裁縫工場、フィットネス教室など広い分野に及んでいる。

二〇〇〇年の一二月、サラエボの街ではそれらの成果を展示するバザーが開かれていた。その一角で、みやげ物の美しい人形が売られていた。人形は三種類あり、それぞれがムスリム、クロアチア、セルビアそれぞれの民族衣装をまとっている。かつて戦火を交えた三つの民族の人々が共同で開発した人形だ。

人形づくりのリーダーであるクロアチア系のカロリーナ・アタギッチさんは、紛争の三年半をセルビア側に包囲されたサラエボで暮らした。内戦のさなかに夫は亡くなったが、彼女は自宅の地下室で生き延び、停戦後、生計を立てるために人形づくりを思い立った。一方、人形の衣装の布地を織っているのは、セルビア人のグループ。その一人、ストヤン・シュリューカさんは、セルビア系武装勢力の兵士として戦闘の最前線に立ったこともあったが、戦争で仕事も家も失ったのだという。そして、衣装を縫い合わせて人形を完成させるのは、家族を失ったムスリム人の女性たちだ。グループの代表をつとめるジェナーナ・ハイダロビッチさんの夫は強制収容所に入れられて虐待を受け、今も後遺症に苦しむ。育ち盛りの息子を抱えた彼女は、一家を支えるために裁縫教室を始めたのだった。

内戦で傷ついた三民族が、憎しみを超えて始めた新しい事業である。人形を焼く窯や毛糸、ミシンなどはUNHCRによって提供された。一つの商品をつくるために民族の壁を越えてお互いの技術を持ち寄る。かつては当たり前だったこの営みが「女性イニシアチブ」によって息を吹き返したのである。ジェナーナさんは言った。

「ときどき爆弾の音や、飢えに苦しんでいたときの様子を思い出すことがあります。記憶がよみがえってくるのです。でも、それを救ってくれるのは職場の笑いなんです」

ともに働くことは、経済的な自立だけでなく、心の傷を癒《いや》すことにも一役買っているようだった。全体から見れば小さな一歩かもしれないが、社会の再生はそういう下からの積み上げによってしかなし遂げられないという考え方がプロジェクトの根底にはある。

この試みは、ルワンダやコソボでも実施された。そして、民族の融合そのものを目的とするimagine coexistence（共生の創造）という新たなプロジェクトに発展していく。

「これをさらに進めて、彼らがかつて働いていたように、いっしょに働いてもらうのがいいんじゃないかなと思ったのです。

いつまでたっても援助だけで暮らしてはいけないから、どうしても経済的に自立していかないといけない。仕事が必要になるわけです。自立するにあたってどういうところが手づるになるかなと思って、ボスニアのいろいろなところを見て回りました。

ユーゴという国は、以前はいろいろなところに工場を分散させていたんですよね。小さなレンガ工場とか、靴の工場とか。そこではいろいろな民族がいっしょに働いていたんですけれども、それがなくなったわけですよ。これを再建していってはどうか。どうせ経済復興が必要だったら、異なる民族がいっしょに仕事をするということを条件に投資をして、工場とか牧場とかをつくったりしたらどうだろうかと考えたわけです。

それで、job sharing（仕事の分かち合い）ということを私がしきりに言い出して、それがjob for coexistence（仕事を通じた共生）になって、今度はimagine coexistence（共生の創造）という形で、考え方が進んでいます」

紛争の原因は社会の不公正

「政治を超えた安定感というものがある社会をつくらないと、本当の安全とか繁栄とか安定というものにはならないんじゃないかなというのが最近の私の感想です。政治がガタガタしても動かない社会が必要なんですよ。アメリカの今の選挙（フロリダ州の得票数をめぐって法廷で争われた二〇〇〇年大統領選）を見ていても、あんなにひどい話はめったに聞きませんけれども、誰も動かないでしょ。政治を超えた安定感があるんですよ。日本もそうかもしれませんけれども。

それにはいろいろな要素が必要だと思いますよ。仕事をすれば報われるという経済的な原理も必要でしょうし、弱者が虐げられない社会正義、正義の配慮というものも必要でしょう。だから社会保障の問題は非常に大事だと思います。

といって今度は逆に、何も仕事をしないで保障だけで生きていけるというような、そういう甘えの社会でもいけない。やはり進歩していかなきゃならないんですから。

貧困の撲滅は大事ですけれども、それで平和が来ると思ったら間違いだと思います。貧困がなくなることと、社会的な安定が出てくるということは、ちょっと違うんですよね。社会正義、社会的な公正、そういうものが同時に進んでいかないと平和は実現しません。社会的な公正さは非常に大事だと思います。私が見てきた紛争の多い国家において、あるいは地域においては、社会公正という問題は非常に大きかったと思いますね。逆に言うと、それが保証されないところで紛争が起きるのです。

ボスニアは、まあまあ鎮静化してきているんだと思います。危険がなくなっているわけじゃないけれども、非常な苦しみを越えて、そしてあらゆる不正義を越えて、何とかやっぱりいっしょに暮らさなきゃならないという気持ちが出はじめているんだと思うんですね。私としては、これだけ旧ユーゴスラビアに関わりましたから、山を越えたかなという気持ちはもっているんです。

やっぱり工夫を重ねていけば、完全にいい結果じゃなくても、何かが出てくるのだと思うのですね。それが私たちのチャレンジ（挑戦）ですよ。こういう仕事をしてきて、何か新しい解決法はないだろうかと絶えず考える癖がついてしまいました。工夫することですね。いつも状況をただ受け入れているのでは、この仕事をしている価値がない。絶えず工夫していって、その中からいろいろなものを生み出していく。その意味では、まだまだいくらでもやれる余地はあると思いますよ。

こういうことはすべて現場の実態を知っているからわかるのであって、抽象的に考えてやっているんじゃないですよ。書類を読んで勉強するんじゃない。人間とのふれあいでみんな学んでくるんですから。

現場へ行かないで抽象的に考えたものは、本当には効果がないですね。現場がわかるから、そういうことが出てくるのです。それが私どもの組織の力だと思いますよ。現場感というものね。『現場』というのは、うちの組織のキーワードでしょうね」

「現場主義」を貫いた一〇年

大きな悲劇が起きたときにはメディアを含めて世界が注目するが、緊急事態が収まると忘れ去られ、援助も途絶えがちになる。ボスニアやコソボなど世界的な注目を集めた地域でも同じである。つまり、緊急援助と復興援助の間にギャップがあるために、戦後の経済開発が進まないという現実もある。緒方さんは、この「ギャップ問題」を克服するため、アメリカのシンクタンクを巻き込んだプロジェクトにも着手していった。さらに、難民に中等教育を与えるための「難民教育基金」を設立したり、NGOや政府の職員に対して緊急人道援助のノウハウを訓練する「アジア・太平洋地域人道支援センター」（通称、eセンター）を創設するなど、任期の終わり近くになっても、将来に向けた新たな構想を矢継ぎ早に発表していった。

冷戦後三期一〇年の任期を通じて、緒方さんはいくつもの緊急事態を乗り越え、そのたびに新しい難民保護の枠組みを切り開いた。多発する国内紛争の中で家を追われた避難民や被災者への保護と支援。一〇〇万人単位で一気に流出する大量難民への緊急対応。国連安保理との連携。そして、紛争後の地域社会の再建と帰還民の和解の促進。一〇年たつと、UNHCRは国連人道機関で最も機動力の高い組織に生まれ変わっていた。人員も予算規模も倍増した。

従来の業務範囲を超えて活動が拡大していくにつれ、国連の他の組織からは「肥大化」への批判も聞こえてくるようになった。しかし、それはUNHCRが新しい事態に常に即応し続けた結果であり、それができたのは、リーダーである緒方さんがいつも最前線の「現場」を歩き続けたからにほかならない。

緒方さんのインタビューには「現場」という言葉がよく出てくる。たしかに、緒方さんほど難民保護の「現場」を歩いた高等弁務官はいないかもしれない。一年の半分以上はジュネーブの本部を離れて現場を飛び回る毎日だった。

ルワンダ危機で緊急対応チームを率いたフィリッポ・グランディの証言は印象的だ。アフリカの現場一筋に歩いていた彼は九七年、ジュネーブ本部の官房長にいきなり抜擢《ばってき》された。アフリカのジャングルで働いてきた自分がなぜ選ばれたのか。当初は不思議に思った彼も、近くで補佐するようになってから理由が納得できたという。

「私のような者が選ばれた理由は、彼女が現場の重要性を強調していたからだとわかりました。彼女は組織の長ではありますが、物事を上からでなく下から見ていくのです。

たとえば、ある国を訪問したとしましょう。ふつう、初日は首都に行きます。そうすると、緒方さんは『これでは状況がわからない』と言い出します。私たち全員に対してご立腹になるのです。現場に行くまで、私たちを困らせます。そして、自分の目で現場を見るとすべてが落ち着き、解決策がひらめくのです。誰かが書いた報告書を読むのではなく、現場で働いている人々や難民と直接話をしてからでないと自分の意見をまとめない。私はイタリア人で、とても現実的なタイプですから、こういう態度は歓迎です。

ジュネーブの会議でも、いつでもこう言います。『オーケー。あなたの考えはわかりましたが、現場担当者の意見はどうですか。現場の実情を知りたいんです』。政治学者ですから具体的で、かつ現実重視です。質問は『まず原則は何ですか』ではなく『ここの状況はどうなっていますか』なのです」

難民に尊厳を

かつては政策決定過程を分析する立場にあった政治学者としての緒方さんが、組織を率いて現場を歩き、自ら決断を下すという一〇年を過ごして、何か思考スタイルに変化はあったのだろうか。

「命というものをいちばん中心に考えるわけですよ。人間を預かっているわけですからね。人間のいちばん大事なものというのは生命です。私どもは、生と死の境にあって判断を迫られるという場合がずいぶん多いわけですよね。そういう中で、やっぱり生命の重要性というのはみんな感じていると思いますよ。私もそれは改めて学びましたから。

私の仕事で、常に何がいちばん頭にあったか、あるいはあり続けたかというと、どうやって問題を解決するかということです。問題解決思考型の生活を一〇年したんだと思います。一気にすべての解決ができるわけではありません。段階的ですね。すべての段階が次への解決にどうやって繋がっていくかというふうに考えるんだと思います。

最終的には『勘』でしょうね。これが大事だとか、これはおかしいんじゃないかというものは出てくるんですよね。やっぱり年季が進むにつれて経験が蓄積されますから。『これはまずいんじゃないか』とか『これはもっと押さなきゃいけないんじゃないか』という部分は、比較的『勘』だと思いますね、私は。

もちろん相談はするんですよ。相談して頼りになる人と、そう頼りにならない人というのは常にいますから、頼りになる人に相談をする。それからもちろん、国連事務総長とも連絡をとって相談するとか、そういうことはずいぶんありましたけれども、最後は自分の『勘』以外に信じるものがないんですよ。結局、誰かが決めなきゃならないんですから。

多少は未来を楽観していなきゃ、こんな仕事はできません。ただし、いい方向へ持っていくためには相当な洞察力と努力が必要だということは痛感いたしますね。ただ楽観していたって、物事がそういうふうに動くわけじゃないから」

二〇〇〇年一〇月上旬、ジュネーブの欧州国連本部会議場でUNHCRの執行委員会が開かれた。年に一度、主要加盟国の代表が一堂に集まり予算や活動方針を協議する場である。

緒方さんにとっては最後の執行委員会ということもあり、初日にはアナン事務総長も姿を見せた。アナン氏はかつてUNHCRの職員だったこともあり、人道援助には特別の理解がある。緒方さんとも親しい関係であると聞いた。

開会時間が近づき彼女が現れると、集まった各国の大使がステージ近くに歩みより、言葉をかけた。緒方さんもやがて議場に下りて各国代表の席を丁寧に回り、一人一人と親しみのこもった挨拶《あいさつ》を交わしていった。その様子からは「外交官」としての天性の素質と過去一〇年で築き上げた信頼感のようなものが感じられた。

やがて彼女がマイクの前に立つと、議場全体がそのスピーチに聴き入った。一〇年の活動の成果を各国ごとに詳しく分析する長い演説の最後を、緒方さんはこんな言葉でしめくくった。

「みなさま、UNHCRはこの一二月で設立五〇周年を迎えました。しかし、私たちの活動が長く続いていることは決して喜ぶべきことではありません。迫害や紛争によって家を追われる人の数がこれまでにないほど増加しているために、UNHCRが必要だからです。この記念すべき年に、私たちはUNHCRではなく、勇気や決断力、すべての困難を生き抜く力をもつ難民の方々を賞賛したいと思っています。(中略)

私はときどき、この一〇年の最大の成功と最大の失敗は何ですかと聞かれます。難しい質問です。私の唯一の答えはこうです。それは、私の脳裏に刻み込まれた多くのイメージを思い出すことだと。楽しいことも、恐ろしいこともありました。難民が帰還し、手を叩いて喜ぶ姿。死んでいく子供たちの姿。そして、助けを求めて泣く年老いた女性の姿。難民たちの顔は、私たちの失敗と成功を明確に映し出す鏡です。

最後の執行委員会で。左はアナン国連事務総長。ＮＨＫの番組から

成功には勇気づけられました。そして、人々の苦しみに接するたびに湧き上がった怒りと悲しみが、いつでも、この仕事を続ける原動力でした。

私や同僚たちが世界中で日々対応している難民の苦しみは、計り知れないものです。そして、何年もの国外生活を経て帰還する難民たちの喜びもまた、同様です。どちらも到底、筆舌には尽くしがたいものです。彼らの言葉に耳を傾け、私がもうこれ以上申し上げるのはやめましょう。ただ、ある言葉をみなさまにお勧めしたいと思います。ＵＮＨＣＲが五〇周年のキャンペーンのために選んだ歌*の中にある言葉――リスペクト（尊重、尊厳）です。

家を追われ、最も貧しい境遇にある人々を守らんとするみなさまの献身に尊厳を。難民に寄り添い、前線で人道支援に従事する者たちに尊厳を。
そして誰よりも、難民に尊厳を。
ありがとうございました」

スピーチが終わると、会場の人々は総立ちになって拍手を送り、緒方さんの功績を讃えた。

退任

後任の高等弁務官には、元オランダ首相のルード（ルドルフス）・ルベルス氏が決まった。引き継ぎを済ませた緒方さんは、ニューヨークの国連総会や安全保障理事会に出席してお別れの演説をした後、ジュネーブで残務の整理に追われた。

ジュネーブの記者会見では「退任後は何をするのか」との質問にすぐ「家に帰ります（I go home）」とユーモラスに答えて会場の笑いを誘った。「家に帰る」という言葉が、難民の帰還をイメージさせたこともある。

「まさか一〇年もここにいるとは思いませんでした。帰れば、私には選択肢が与えられます。今の立場では、私には選択肢がないのです。常に難民に関わる任務に対応しなければなりませんから。これからは自分で選択をしたいし、時期を逃す前に本を執筆したいと思っています」

日ごろは厳しい質問を浴びせる記者たちの言葉にも、どこか別れを惜しむようなニュアンスが感じられた。

ＵＮＨＣＲの組織の中にも、一つの時代が終わったという虚脱感のようなものが漂っているようだった。ジュネーブを去る直前、一二月二〇日に開かれた職員たちとの「お別れ会」で、緒方さんは一〇年を振り返ると同時に、ともに歩んだ「戦友」たちにあえて檄《げき》を飛ばした。

「世界に目を向けると、当分の間はとても安定するとは思えません。八〇年代後期に始まった長期の変動はまだ収まっていません。それは、今後も難民や避難民に関わる緊急事態が起きるということを意味します。西アフリカ、特にギニアは心配です。中央アフリカもコンゴの問題は解決からはほど遠い状態です。スリランカ、アフガニスタン、中央アジア、コロンビアなどにも火種がころがっています。かつては安定していた東アジアにも、脆《もろ》さが見られます。さらに、われわれの直接の任務ではありませんが、中東のパレスチナで大きな難民危機が発生する可能性も忘れるわけにはいきません」

緒方さんは続けて、職員の安全確保、緊急対応能力のさらなる向上、グローバル化にともなう「経済難民」への対応、緊急援助と復興援助の「ギャップ問題」など残された課題を列挙したあと、こう結んだ。

「官僚的にならず、考え続けてください。ここに来たとき、私の最大の強みは官僚出身でないということでした。よく私は人から学者っぽいと言われます。そうかもしれません。しかし、学者の最大の武器は、自由にものを考えられるということです。組織や部門分け、お役所的な形式主義とも無縁です。グローバル化した世界では、官僚化しすぎた組織は時代から取り残されるでしょう。現実の状況と生身の人間に対応してきたことで、この組織は活性化してきたのです。この状態を維持してください。それが大きな違いを生み出すのです」

一二月末日、緒方さんは一〇年住んだジュネーブをあとにして東京に向かった。

「しばらくはのんびりするつもり」という緒方さんの希望は、しかしそれから一年を待たずに破られることになった。予想以上の大変動が世界に起こり、それが契機となって、自ら「やり残した最大の課題」と語っていたアフガニスタン難民の支援に期せずして取り組む機会が訪れたからである。

＊一九六七年のヒット曲「リスペクト」。アメリカの黒人女性歌手アレサ・フランクリンが歌い、公民権運動の、いわばテーマ曲の一つとなった。

第七章　同時多発テロとアフガン難民支援

タリバン政権幹部との交渉。NHKの番組から

ニューヨークで目撃したテロ事件

任期を終えて二〇〇〇年末に帰国した緒方さんは、翌年一月に行われた森喜朗首相のアフリカ歴訪の旅に同行した後、予定していた回顧録の執筆にとりかかった。

だが、執筆の場所に選ばれたのは、家族のいる日本ではなくアメリカだった。ニューヨークに本部のあるフォード財団が緒方さんを客員研究員として迎え、執筆のために必要な環境を提供すると申し出たからである。日本の財団やシンクタンクからは同様の申し出は残念ながら一つもなく、「日本にいると講演の依頼ばかりで、執筆に専念できない」(緒方さん)という事情もあった。

緒方さんは二〇〇一年五月に東京を離れ、単身アメリカに向かった。

それから四カ月後の九月一一日に、事件はニューヨークで起きた。

今さら説明の必要もないだろう。長距離旅客機をハイジャックして世界貿易センタービルと国防総省に突っ込み自爆するという前代未聞の大規模なテロ事件だった。後に判明した犠牲者の数は三〇〇〇人近くにのぼった。ブッシュ大統領は、一五日の会見で早くも「米国は戦争の状態にある」と述べ、上下院もテロへの報復に関して武力行使を容認する決議を圧倒的多数で採択した。武力行使の対象とされたのは、オサマ・ビンラディンと配下のテロ組織アルカイダ、それらを匿《かくま》っているとされたアフガニスタンのタリバン政権だった。

緒方さんは、テロ事件が起きた直後の世界貿易センタービルの様子を、自宅のあるマンハッタンの四〇階のアパートから目撃した。以下のインタビューは、事件からおよそ三週間後、アメリカによる報復攻撃の可能性が高まっていた一〇月三日（現地時間）に行われたものである。

「私はいつも九時少し前に新聞を読んでからオフィスに向かうのですが、その日、新聞を読み終わってふと外を見たら、貿易センタービルから煙が出ているんです。それから出かけようと思ったら、今度は隣のもう一つのビルから真っ赤な火がバーッと出ている。

しばらくすると、CNNで飛行機が突入したというようなことが報じられました。これは大変なことが起こったと思いました。飛行機でビルに突入していくという、あれほど用意周到なテロというのは聞いたことがありませんから、本当に驚きました。

事件から一週目の報道は戦争、復讐《ふくしゅう》という言葉一色になって非常に恐ろしい気がしました。というのは、アフガニスタンには何回か行っていますが、首都のカブールを爆撃しようとしても、カブールはもう町自体がほとんど爆撃されてしまったようなところです。そんなに効果的な標的があるのか疑問に思いました。攻撃を急げば急ぐほど、効果があがらなくて被害が広がるんじゃないかなということはとても心配しました。

すでに九八年にアメリカはアフガニスタンをミサイル攻撃していますが、そのときも犠牲になったのは一般市民です。ですから、このまま報復、復讐という方向に突き進んでいったら大変なことになるとは思いました。アメリカの軍事力の凄さは十分承知していますが、その軍事力によってテロリストを追いつめることは難しいと思ったのです。

今まで、難民が逃げている最中に行われたいろいろな軍事行動を見てきましたが、空爆力が大きければ大きいほど対象を絞ることは難しかったのです。コソボの空爆で何が起きたかというと、結局、人々は逃げ出したわけですから。一般の人たちを守りながら、報復をしたり、敵に損害を与えるということの難しさは痛感していました。

アフガニスタンの情勢が大きな話題になるのは二週目に入ってからです。二週目になりますと、今度は毎日アフガニスタンの話です。アフガン難民の話やアフガニスタンの歴史の話が毎日のように出てくる。テレビがアフガン一色になりました。これで、もう少し慎重な対応に移っていくのではないかという期待はもちました」

世界が見捨てたアフガン難民

アフガニスタンは、大国の国益のはざまで翻弄されてきた歴史をもつ。

とりわけ一九七九年、親ソ政権の樹立を目的としてソ連軍が侵攻したところから二〇年に及ぶ現在の混乱が始まった。このソ連侵攻によって家を追われて周辺国に逃れていったのが最初のアフガン難民である。

アフガニスタン各地では、イスラム指導者に率いられた「ムジャヒディン」というゲリラ組織がソ連軍との戦いを開始した。さらに「イスラム世界に対する共産主義の侵略を阻止する」との目的で、サウジアラビアやエジプトなどから若者たちが「イスラム義勇兵」として結集した。その中に、若き日のオサマ・ビンラディンの姿もあった。

彼らを支援したのがアメリカである。アメリカは対ソ戦略上の観点から、こうしたゲリラ組織や義勇兵たちに武器などの支援を与えた。一〇年に及ぶ戦闘の末、八九年二月にソ連は去った。しかしアメリカもまた勝利宣言をして立ち去り、支援は実質的にゼロとなった。こうして取り残された義勇兵たちがやがてアメリカに牙《きば》をむくテロ集団へと変貌《へんぼう》していくことになる。

その後アフガニスタンの国土はゲリラ各派とそれを支援する周辺国の思惑によって荒廃をきわめた。その中から出てきた一大勢力が「タリバン」である。その多くは、ソ連侵攻のときにパキスタンに逃れた難民の子供たちで、神学校で学んだ敬虔《けいけん》なイスラム教徒だった。イスラムの教えを守るタリバン兵たちは、それまで略奪や暴力、レイプの横行する社会で暮らしてきた民衆に歓迎されて瞬く間に全土を制圧した。

「一九七九年のソ連のアフガニスタン侵攻のときに発生した難民の総数というのはたしか六二〇万人ほどで、難民のケースとしては最大です。当時アフガニスタンは部族集団の国で、ムジャヒディンと言われるそれぞれの部族の長が結束してソ連の侵攻に対抗しました。

アメリカはそのとき、彼らに対してかなりの軍事援助をしました。と同時に、難民援助のためのお金もたくさん出していました。

しかし、ソ連がアフガニスタンから引き揚げると、難民支援に対する国際的な熱意というものは急速に冷めていった。そして、私が難民高等弁務官を退官した去年あたりですと、難民の総数が二五〇万人ほどでした。イランに一三〇万人、パキスタンに一二〇万人ほどいまして、本当に資金援助を得るのが大変でした。

アフガン難民は、周辺諸国以外にもヨーロッパなど世界のいろいろな地域へ行っています。そうした面では、アフガニスタンを何とかしなければならないという話はありました。アフガン難民を多く抱えているパキスタン、イランにとっても一二〇万人、一三〇万人というのは小さな数字ではありません。しかし冷戦終結後、アフガン難民を抱えている国に対する同情も減っていって、そうした国に対する支援のための資金確保はとても難しい状況でした。

ひとことで言ってしまうと、国際社会はアフガン難民を『見捨てた』のです。そしてアフガン難民を受け入れている国に対する援助にも、熱意がなくなっていったというのが現実だと思います。

そうした中で、タリバンが出てくるのが九四年です。彼らは、もとはイスラムの宗教学校で勉強した貧しい子供たちです。その人たちがイスラム教の勉強をして、イスラム国家としてアフガニスタンの中の勢力をもう少し安定させなければいけないと考えた。九六年になると、タリバンがアフガニスタンの国土の九〇％以上を支配します。

アフガニスタンの人々はタリバンのことが好きだとか、これに従っていくというわけではないけれども、タリバンはアフガニスタンにある種の安定はもたらしました。そこから多少の安心というものが人々の中には出てきたと思います。ところが、パシュトゥン人のタリバンと、北部のタジク人、ウズベク人等の北部同盟との紛争は続いている。冬になると終わるのですが、毎年武力紛争をしているわけです。

そうした状況に対して『難民にも関心はない、部族紛争の将来にも関心がない』というのが国際社会の実態であったと思います。強い言葉を使えば『放任していた』ということは言えると思います。

今もし東西の冷戦があれば、東側に対抗する、ソ連に対抗する、共産主義政権に対抗するという面で、アフガニスタンに戦略的な意味があるわけです。しかし冷戦が終わり、アフガニスタンの戦略的な価値がなくなった。そしていつまでたっても内戦が終わる様子もない。それでは、いったいどのような形でアフガニスタンを安定した地域にするのか。部族関係の複雑さをどう乗り越えればいいのか。私はアフガニスタンを専門にする学者を何人か知っていますが、このような議論は彼らからしか出てきませんでした。冷戦が終わると、戦略的思考というのは弱くなっていくということを感じました」

タリバン政権幹部との交渉

テロ事件からちょうど一年前の二〇〇〇年九月、緒方さんは難民高等弁務官としてアフガニスタン各地を訪ね、難民の帰還に向けてタリバン幹部と交渉を重ねていた。しかし、国際社会の関心はゼロに等しい状態だった。

ちょうど同じころ、映画「カンダハール」のためにアフガニスタンを訪問していたイラン映画の巨匠モフセン・マフマルバフ監督は、次のように書いている。

「私は、ヘラートの町なかで、二万人の男や女や子どもが飢えて死んでいくのを目《ま》の当たりにした。彼らは歩くこともできず、運命の時を待ちながら地面に放り出されていた。これは最近の飢饉《ききん》の結果である。同じ日に、国連の難民高等弁務官である日本人の緒方貞子氏がその土地を訪れ、世界は彼らを救うと約束した。三カ月後、イランのラジオで緒方氏が、飢餓で死に直面しているアフガン人の数は一〇〇万人にのぼると言うのを聞いた」

「バーミヤンの世界最大の仏像の破壊は、世界中の同情を集め、仏像を守ろうとする芸術文化の全ての支持者を引きつけた。しかしなぜ、国連難民高等弁務官の緒方氏を除いて、このひどい飢饉によって死んだ一〇〇万人のアフガン人に対しては、誰も悲しみを表明しないのか」（「アフガニスタンの仏像は破壊されたのではない　恥辱のあまり崩れ落ちたのだ」『現代思想』二〇〇一年Vol.29－13より抄訳を抜粋）

「アフガニスタンでは、ものすごく貧しい人たちが非常に厳しい状況の中で暮らしています。パキスタンの中にいる難民の人たちもそうです。

そうした貧しい状況では、男の人がみんないなくなります。どうしても町へ行って、お金を稼がなければならない。難民キャンプに十分お金が回らないと、みんな都市のスラム街へ行ってしまうんです。本当に貧しい状況を見ましたから、このままではいけないと思いました。

それと同時に、故郷へ帰りたいという人たちもいました。私がパキスタンに行ったときには、故郷に帰してほしいというデモまで起こりました。帰る人たちには若干のお金を与えましたが、みんな自分でトラックを雇って帰っていきました。私は、帰国したいすべての人のためにトラックを雇うだけのお金を集めることすらできなかった。当時は、それほどアフガン難民に対する国際的な支援も注目もなくなってきていました。

そういう中で、イランとの国境に近いヘラートへ行きました。途中は広漠たるところで、難民キャンプから帰ってきた人たちが少しでもお金を稼ごうと、泥の小屋の中でやせて弱りきった羊を飼って牧畜の仕事をしていました。それでもヘラートの町は、商業ベースに乗ってイランから物資が入っていて、思ったより物がありました。

そこでタリバンのヘラート州の知事と、難民をこれからどのようにして帰すのかということで、三、四時間交渉をしました。

私は、難民の人たちが帰りたがっていることを伝えました。それに対してタリバン側も、自分の国の人たちだから帰ってきてほしいと言う。

難民が帰還する場合の障害は、一つにはまだ紛争が続いていることです。難民の人たちは紛争が心配で怖くて帰れないから、早く紛争を終わらせてほしい。このことが一点です。

もう一つは、女性の教育です。アフガニスタンに帰ってきたら、女性に対しては教育というものが全然行われていない。教育が受けられなければ、仕事はできません。

こうした問題について、いったいタリバン側はどのように考えているのですか、ということを言いました。

タリバンの弾圧に対して私がいちばん抵抗したことは、やはり人権の問題です。特に女性の人権を尊重するということを強く求めました。パキスタンの田舎《いなか》でも、女性の教育はそれほど

アフガン難民のための女子校を訪ねて。UNHCR / Y. Hassan

行われてはいませんが、タリバンの場合はもっと強圧的でしたから、それについての説明を求めました。

タリバン側は結局、今の状況ではとても女子にまで教育を広められない、けれども、ゆくゆくは女子も勉強できるようにもっていきたいと言う。それならば、私が難民の人たちに対して説明できるだけの証拠を見せてください、と要求しました。それで、急きょ予定を変えまして、家庭の中で子供を集めて教えているところを見せてもらいました。昔の日本で言えば、寺子屋でしょうね。それからヘラートの大きな病院にある看護学校には、高校を卒業したぐらいの女子生徒たちが勉強に来ていました。私に対して非常に明るくいろいろな質問もしてきました。『あなたたちは何をやりたいか』と聞いたら、

『今は看護しかできないけれど、医学部を女子にも開放してもらって、自分たちも医者になりたい』、そんなことを言っていました。

しかし、教育が着実に広まっていくためには、ある程度の国の安定が必要です。国が安定した結果、タリバンの中でも現実的なことを考えている人たちの力が少しずつ上がっていくのだと思います。ところが国が安定しないと、現実派は弱くなります。

タリバンの中も、すべてが同じように強硬派というのではなく、段階があります。強硬派をいちばん力づけるのは、やはり外からの制裁などです。九八年以後も国連安保理の決議による制裁がありましたから、国際機関が一時みんなアフガニスタンから引き揚げなければならなかった。そうすると、国際社会は自分たちに何もしてくれないというので、タリバンも、アフガニスタンの人たちも非常に怒ります。こうした状況になると危険で、アフガニスタンにはいられなくなるわけです」

軍事攻撃だけでは解決にならない

タリバン政権の中には、オサマ・ビンラディン率いるテロ組織アルカイダがいつの間にか深く浸透していた。

対ソ戦ののちアメリカに見捨てられたイスラム義勇兵たちは、行き場を失ってそれぞれの祖国に戻り、そこでイスラムの政治運動を展開した。しかしエジプトをはじめとする各国は彼らを政治犯として投獄したり国外に追放したりした。

サウジアラビアに戻っていたビンラディンも同様だった。湾岸戦争でイスラムの同胞が攻撃される光景を見た彼は、アメリカに協力するサウジ政府を批判して国を追われる。元義勇兵たちはビンラディンを中心として再び結集し、反米テロに動きはじめた。その拠点となったのが、タリバンの支配するアフガニスタンだった。ビンラディンが、タリバンを率いるムハンマド・オマル師と親しい関係だったこと、そして彼の手にしていた数億ドルともいわれる資産が、苦境にあったタリバン政権にとって魅力的だったことなどが、両者を結びつけたと言われている。

ビンラディンは、内戦で破壊されたアフガニスタンの道路や橋の再建に力を貸す一方、アルカイダの訓練施設などの活動拠点を築いていった。そして、九八年二月に「悪魔であるアメリカ人と、アメリカと同盟する国の人間は、軍人であれ、一般市民であれ、殺害せよ。それはイスラム教徒の義務である」という考えを表明し、反米無差別テロへと暴走していったのである。

「テロの温床」となったアフガニスタン。しかし、タリバン政権を武力で倒しただけでは問題の解決にはならない。緒方さんは「戦後」の国づくりについて、多くの注文をつけた。

「アフガニスタンにどのような政権をつくるにしても、中長期的には、さまざまな部族のバランスの上に立った非常に緩やかな連邦のような政体をつくっていかなければならないでしょう。やり直しですね。国際的に大きな戦略を立てて、安定と復興のためにどうするかということまで考えていかなければなりません。

基本的なことを言えば、自分の家族が安全で何とか食べていけて、そしてその次に将来がもう少し安定するという状況を実現していくことが最低限必要です。アフガニスタンには、それが今までなかったのです。

その場合にも、ある程度イスラムの原理というものに対する理解のうえに立ち、教育を受けてきちんと国づくりをしていきたいという人たちに希望を与えるような形での支援をしなければならない。イスラムの文化そして原理について、それなりの尊敬をもって対応していく必要があると思います。

私がタリバンの人と話したときも、『私はあなたの文化を批判しようとしているのではない、理解しようとしている。でもこういう人たちの将来をどのように考えるのですか』という形で話をしました。『私にも自分自身の信条はありますが、それを押しつけるつもりはありません』、と。

テロリストの排除と同時に、周辺国対策も大切です。数年前に中央アジアの五カ国（カザフスタン、トルクメニスタン、キルギス、ウズベキスタン、タジキスタン）を全部回りました。

やはりそこでもイスラム原理主義派による反体制運動が見られます。そうしたイスラム原理主義派の動きの危険な部分を抑えて、それらもきちんとしたルートに乗せていく。中央アジア全地域において、大きな意味での社会復興の仕事が残っていると思います。

私としては、何も成功に導くことのできなかったケースとして、アフガニスタンの問題はずっしりと気持ちの中に残っています。今回の事態が起こったとき、せめてアフガニスタンの人たちを戦争に巻き込まないでほしいという気持ちがありました。これだけ惨めにさせられてきたのだから、さらに彼らを完全な犠牲者にするのは忍びないという気持ちは正直に言ってありますね。

いま、政権を倒した後に何をするのかという問題が考えられているとは思えません。タリバン政権を倒して『さようなら』では、また同じことが起こると思います」

日本は何をすべきなのか

インタビューを行ったのと同じ二〇〇一年一〇月三日、国連はラクダール・ブラヒミをアフガニスタン担当事務総長特別代表に任命し、戦後の復興策についての検討に入った。

日本はどのような貢献をすべきなのか。これまで、日本はODA（政府開発援助）によって、アフガニスタン周辺の中央アジア諸国に対する経済支援活動を続けてきた。アフガニスタンに対して行った「アズラ計画」と呼ばれる難民の再定住プログラムも、先進的な試みとしての評価を得ている。緒方さんは、復興支援について日本こそが中心的な役割を担うべきだと語った。

「世界貿易センターというのがいかに国際的だったかということを、やはり考えないといけません。日本を含めて三〇カ国くらいの方たちが働いていたんじゃないですか。非常に国際的なんですよね。その国際性を守っていくのにどうしたらいいかということでしょう。

他人ごとのように考えないほうがいいと思いますよ。極端に言えば、日本の経済も世界貿易センターに頼っていた部分があるわけですから。みんなそうだったと思うのです。

日本はできるだけのことをしなければいけないと思います。しばらくぶりに日本が国際的な問題について考えはじめたのではないでしょうか。私が日本にしばらくいたときでも、ほとんど『国際』という言葉も聞きませんでした。

日本のような経済大国が、国際社会における役割や安全保障に関して、これまであまり考えないで暮らしてきたわけです。国際社会における大きな問題がある今、そうした現実からもう一度原点に戻るべきです。日本は、国際的な安全に関しても、経済的な基盤にしても、世界に頼っている国だという認識をもう一度もたなければいけないと思います。

現在のグローバル化の現実をふまえれば、たとえ国家主義（ナショナリズム）でいこうとしても、国際主義（インターナショナリズム）でなければあり得ないわけです。本当のナショナリストは、インターナショナリストたらざるを得ない。日本人だけが安全で豊かだということはあり得ないのですから、それなりに役割を果たさなければならない。そのための準備がもっと必要だったのではないでしょうか。

九四年のルワンダ難民危機のときに、日本の自衛隊がザイールのゴマに来ました。このことは二つのインパクトがあったと思います。

一つは、日本の政治家や自衛隊の方が、あれほどひどい状況に置かれている難民がいるという認識をもったことです。そうした現実を見なければ、日本にとってはすべてが遠いことになってしまう。

もう一つには、いろいろな国の軍やNGOで働く人たちとの国際的な交流が豊かな経験になったということです。そのことは、参加された自衛隊の方からも聞きました。

あのときは主にエンテベというところから空輸をして、現場で働かれていました。難民キャンプの周辺での治安の維持などで現場にいるということは、その地域の安定と支援に繋がります。今回も必要な事態になれば、周辺諸国の難民キャンプにおける仕事を手伝えたらいいと思います。

中央アジアからアフガニスタン、それに南西アジアの地域というのは、日本にとって非常に大切な意味をもっています。それともう一つはアフリカです。この二つの地域は、もっと本腰を入れていかなければ将来の日本の安定にも関わってきます。

中央アジア諸国には日本がかなりの復興援助をしています。たとえば、空港の近代化なども日本が援助した場所がいくつかあります。非常に貧しい国ですから、日本ができることはかなりあると思います。資金的にも、技術的にも、政治的にも、国際的に大きな役割を果たすことが必要な時期に来ているのではないでしょうか」

アフガン復興の先頭に立って

インタビューの四日後、アフガニスタンへの空爆が始まった。タリバン政権を打倒し、アルカイダを一掃するのが米英軍の目的だった。

圧倒的な武力による攻撃で一一月一三日には首都カブールが陥落。タリバン政権は崩壊した。しかし二〇〇三年四月現在、肝心のオサマ・ビンラディンの行方は不明なままである。また民間人の死傷者も多数にのぼった。正確な統計はいまだにないが、三〇〇〇人以上にのぼったとするアメリカ人研究者の報告もある。この点では、不幸にして緒方さんの危惧《きぐ》したことが現実になってしまったと言えるだろう。

一方、緒方さんの身辺には大きな変化が起きた。インタビューからおよそ一カ月後の一一月九日、日本政府から「アフガニスタン支援総理特別代表」（以下、「日本政府代表」と略記）に任命されたからである。

アフガン復興のイニシアティブをとりたい日本政府にとって、緒方さんはまさに絶好の人材だった。と同時に「アフガニスタンの問題はずっしりと気持ちの中に残っています」と語る緒方さんにとっても、まさにやり残した仕事に取り組むチャンスの到来だった。緒方さんは、退任から一年もたたないうちに国際政治の現場に舞い戻ることになった。

二〇日にはさっそくワシントンで、日本やアメリカが中心となった国際会議が開かれた。パウエル米国務長官らと並んで基調講演を行った緒方さんは、これまでの国際社会の対応を批判し、人道援助と復興援助に力を入れるよう呼びかけた。

一方、国連による新政権づくりも一気に加速した。ブラヒミ国連事務総長特別代表は、アフガン各派と精力的な交渉を重ね、一二月五日にドイツのボンで新政権樹立の合意にこぎつけた。こうしてハミド・カルザイ氏を議長とする暫定行政機構が一二月二二日に発足した。

緒方さんは年が明けるとすぐにアフガニスタンの現地を視察、一月二一日から東京で開かれたアフガニスタン復興支援国際会議に臨み、共同議長の一人としてその流れをリードした。会議には、世界から六一カ国とEU、二一の国際機関、さらに多数のNGOが参加し、今後五年間で合計四五億ドルの支援をするという約束が表明された。日本も二年半で五億ドルを出す意志を明らかにした。

「アフガニスタンという国に対する人道的な配慮と戦略的な思考が出てきて、国際的になんとかしようじゃないかという動きが生まれた。その意味では、チャンスが訪れたんですね。そのチャンスを最大限に生かしていきたいと思いました。

これまでは、戦争が終わってようやく人道援助が進み、早く復興のほうを考えてくださいとお願いしてもなかなか出てこないことが多かったのですが、今回は早くから復興会議をしようという動きになりました。

一つには、軍事行動はしているけどアフガンの人たちを見捨ててはいない、そういう政治的なメッセージをアメリカが送ろうとしたんだと思います。あの時点では大切なことだったと思う。アフガンの人々は、『私たちに何をしてくれるのか。軍事行動が終わるとまたみんな忘れてしまうんじゃないか』と思っていましたから、それに対するメッセージは非常に大事だったと思います。

復興を進めようとすると、五年なり一〇年なりの関与が必要なわけですね。それをあえて打ち出したのは、みんなが再び『もうやめた』ということで手を引かないように縛る意味があったと思うんです。アメリカにとってはアメリカ自身を縛ることでしょうし、日本がそれに乗ったということは日本自身も縛ることになります。アメリカも日本もやりますから、お互いにコミットメントを長くもちましょう、という国際社会における一つの決意の表明だったんじゃないんでしょうか」

アフガニスタンでは二〇〇二年六月、緊急ロヤ・ジルガ（国民大会議）が開かれ、カルザイ氏を大統領とする移行政権が発足した。

とはいえ、アフガニスタンはまだ安定にはほど遠い状況にある。大統領や閣僚の命が狙われたり、テロが起きたりといった治安の悪化も報道されている。それに対する世論の関心も決して高いとは言えないのが現状だ。しかし、国際社会が復興を支え続けなければ、事態は九月一一日以前に逆戻りして「もっと恐ろしいことになるかもしれない」（緒方さん）。復興会議の音頭をとった日本には、息の長い支援が強く求められている。

第八章　「人間の安全保障」に向けて

共同議長アマルティア・セン氏と。写真協力：人間の安全保障委員会

テロはなぜ生まれるのか

　これまで見てきたように、冷戦後の一〇年は国内紛争の時代であった。そして世界は今、さらに地球規模のテロリズムの時代に突入したように見える。

　冷戦後の一〇年は「グローバル化」の時代とも呼ばれる。グローバル化は、新たな富や雇用を創造する一方で、世界規模の熾烈《しれつ》な競争によって貧富の格差を拡大させ、社会の弱い立場にいる者をさらに窮地へと追いやった。世界銀行によれば、一日一ドル以下で暮らす「貧困人口」は九〇年代を通じて増大し、現在一二億人にも及んでいる。この動きを推し進めたアメリカがテロの標的とされたことは象徴的である。テロ事件を機に、グローバル化の是非をめぐる議論もおのずと盛んになった。

　この時代において、いったい安全保障という問題をどのように考えるべきなのか、国際社会は新たな難問を抱えている。

　現在の米ブッシュ政権の掲げる「テロとの戦い」は、テロ組織とその支援国家を先制攻撃も辞さずに抑え込むものである。しかし、果たしてこれがテロをなくす道に繋がるのか。多くの論者と同じように、緒方さんも疑問を投げかけている。

「ただテロリストを捕まえれば解決するということじゃないと思うのです。もっと広がりのある問題だと思っています。

テロは個人が一人で起こしているものじゃない。やっぱり相当の広がりがある。同調する気運があるのです。中東やアフリカ北部の地域とか、南西アジアとか、いろいろなところに温床があるわけですね。格差や不公正に対する不満や疎外感というものが広がっている。

九〇年代から現在に至る過程で、やはり世界に問題はあったわけです。

共産主義もだめ、社会主義もだめ、資本主義がいいということになった。しかし、資本主義世界の中では富の格差が広がっていきました。国家間だけではなくて先進諸国の中においても格差はありますから、そのことがグローバル化に対する反対運動にも繋がっているんだろうと思います。何となく『自分たちが疎外されている』という感じの広がりがあると思うのですね。

では、本当にテロをなくすためには何をしていけばよいのかということですね。

短期的には、まず取締りは必要でしょう。燃料をたくさん積んでいる遠距離用の飛行機を選んで、自爆しながら大きな被害を起こすなんて、今まで誰も考えていなかったと思います。あれだけ手段を選ばない、大胆なことをする組織があって、それがかなり資金もあるし国際的な支援や広がりもあるということになると、その組織そのものをなるべく早く解明して対応しなければなりません。恐ろしいほどのネットワークがありますからね。

しかし、もう少し中長期的に考えるなら、まず悪化している中東情勢をなんとかしなくてはいけません。

実は去年（二〇〇〇年）、招待を受けて現地を見てきました。

あれだけ毎日のようにパレスチナの人たちがインティファーダ（民衆蜂起）という形で抵抗して殺されている。にもかかわらず、効果的な対応が世界から出てきていないという現実は、テロの全体の動きに無関係ではないと思います。やはりパレスチナ国家というものをきちんとつくって、その範囲できちんとした行政を行い、イスラエルとの共存を考えていく必要があるだろうと思います。

今回のテロ事件の場合、アメリカが政権交代の時期だったために中東問題に本格的な取り組みができていなかった。そのことが、中東問題を無視している、放置しているというような印象を与えていたんじゃないでしょうか。それがテロに直結したとは言いませんが、かなり関連した原因であるということは言えると思います。

パレスチナ人は、生活していくうえでも、将来への見通しを得るためにも、『何か』を必要としている。ひどい暴力とは言っても、切羽詰まった暴力という面があると思うんですね。それに対してイスラエルのほうは、バラク政権のときはまだ共存の道を探していたんですけど、今のシャロン政権は非常に強い態度をとっています。

パレスチナ問題には、『永遠の問題』という面もありますから、一日や二日で解決するとは思いませんけれど、もっともっと本格的な交渉を通じて解決に向けた気運をつくっていかなければならないでしょう。

それから、今回の一連の事態には『国家の安全は軍事力によってしっかりと守られるものではない』という問題提起があると思います。

国家の安全保障というのは、一種の領土内における安全です。従来の方法で、たとえば大きなミサイルをつくるといった計画などがありますが、国家の安全はそういうことでは守れないのです。社会の安定という要素を重視していかないと、国家の安全というものは確保できない。私は、社会的な公正ということが非常に大事な問題だと思います。公正というのは、すべてが平等という意味ではなく、もっと基本的なことです。『ある特定の社会集団が非常に虐げられて、希望がない』という状況が、紛争が起きる根本的な原因ではないかと私は思います。『紛争の予防』ということが国連でも多少考えられはじめていますが、それは外交的な交渉といった技術的な意味ではなくて、社会の問題というものをしっかりと見つめなければならないということです。社会構造における不公正が積み重なってくると、それが非常に政治問題化し、やがて紛争が起こるということを、難民高等弁務官として仕事をする過程で非常に感じましたから」

「人間の安全保障」とは

国家の軍事力が人々の安全を必ずしも守らないのだとしたら、それに代わる新たな安全保障の考え方とは何か。緒方さんが強い期待を寄せるのは「人間の安全保障」（human security）という概念である。

従来の「国家の安全保障」（national security）と対をなすこの考え方が広がったのは、国連開発計画（ＵＮＤＰ）の発行する「人間開発報告書」の九四年版が「人間の安全保障」を特集したことに端を発している。

国内紛争が多発した冷戦後の時代においては、「国家」の防衛よりも、紛争によって被害を受ける「人間」を保護することのほうが重要になった。対人地雷やエイズなどの感染症、環境破壊など、一国だけでは対処しきれない問題も広がった。こうして、「国の安全」から「人間の安全」へと視点が移ったのだ。安全保障を考える集団の単位としては「国家」に代わって「社会」（コミュニティ）が基盤になる。

「人間の安全保障」を実現するには、軍事力だけではなく、貧困や失業、社会的不公正や人権侵害など、まさに緒方さんが指摘するような紛争の根本原因を除去する努力が重要になる。遠回りのように見えても、それが結局テロを防ぐ近道にもなる。

この考え方は次第に国連の中に定着していった。二〇〇〇年に開かれたミレニアムサミットにおいてアナン事務総長は、人間は「恐怖からの自由」と「欠乏からの自由」を享受すべきであると強調し、これらを国連の最優先課題にするべきだと宣言した。つまり「紛争」と「貧困」からの解放である。これが「人間の安全保障」の掲げる二大目標だ。

日本政府も「人間の安全保障」を外交政策の柱として掲げている。二〇〇一年には、世界の専門家による「人間の安全保障委員会」を発足させて具体的な政策提言をまとめるよう求めた。この委員会の議長には、ノーベル賞を受賞したインド出身の経済学者アマルティア・セン氏（ケンブリッジ大学トリニティ・カレッジ学長）と並んで、ほかならぬ緒方さん自身が選ばれた。

「国家が国民の安全を保障するというのが、国民国家が成立したウェストファリア条約以降の考え方だったんです。国家と国家の間で戦争があった場合、それに対応するために集団安全保障とかいろいろなメカニズムがあるんですけど、それでは解決しない問題がたくさん出てきた。過去一〇年間で国家間の紛争というのはエチオピアとエリトリアぐらいですよね。あとは全部国内に根ざした紛争で、その場合の犠牲者は完全に国民なんです。しかも、それが部族や人種、民族間の対立になりますと、一般の人々が紛争の当事者でもあるわけですね。セルビア人を殺そうとか、クロアチア人をやっつけろとか、ボスニア人はだめだとか、フツ族とツチ族の争いとか。国家が安全を守れない中で、人間そのものをどうやって保護していけばいいのか。そういう問題にぶつかった一〇年だったわけです。

さらに、経済の動き、モノの動き、資本の動き、情報の動き。これはもう国家を超えています。グローバル化によって国家そのものがもつ障壁が低くなってきたわけですね。そういう中で『安全』とは何かという問題提起も出てきた。

しかしながら、決して今の国際的なシステムの中に、こうした問題を解決する手段があるとは思いません。パラダイムの変化が必要な時期に来ているんじゃないでしょうか。

この委員会には二つの大きなテーマがあります。

一つは、紛争の結果、安全が脅かされている人たちの安定をどのようにしていけばいいのか。もう一つは、極度の貧困の中で安全を脅かされている人たちをどうすればいいのか、ということです。

基本的には両者は一致しています。というのは、非常に貧しく経済成長率がきわめて低い国というのは、ほとんど紛争がある国なんです。そうしたことから見ても、紛争はその国の成長を止めています。と同時に、成長が止まっているから紛争が起こるという面もあります。『紛争』と『貧困』の悪循環が起きているのです。この委員会には、その根本的な原因を究明するという役割があります。

それを考えていくうえでいくつかの問題があると思いますが、その一つは、先ほども言いましたが、やはり社会的な不公正ということです。個人個人の不公正というよりも、ある社会集団、たとえば何々族であるとか何々人といった人たちが非常に長い間不公正の状況に置かれると、やはり紛争が起こっています。

もう一つの問題は、やはりグローバル化という現象がいったいどういう形で格差を生んでいるのか。グローバル化というものが自分たちの所属意識（アイデンティティ）を弱め、排他的なナショナリズムの温床になっているのではないか。こうした問題の提起もしなければなりません」

委員会には、経済、法律、人権などさまざまな分野の専門家一二人が世界各国から参加した。貧困問題の専門家であるセン氏が「開発」を、そして緒方さんが「紛争」を中心になって担当するという形で二年にわたり議論を重ね、二〇〇三年五月に最終報告書が発表された。まず英語で出版され、続いて日本を含む各国で翻訳・出版される予定になっている。最終報告書には、委員会での議論と並行して緒方さんが深く関わったアフガン復興の「現場」の経験も色濃く反映されている。

最終報告書は全体で八章から成っており、「紛争」と「開発」にそれぞれ三章ずつがあてられている。以下、緒方さんのインタビューを交えながら最終報告書の要旨を紹介していきたい。

保護とエンパワーメント

まず第一章では、「人間の安全保障」の基本的な目標と戦略が述べられている。

「人間の安全保障」は「国家の安全保障」を補完する考え方であり、それを達成するために、人権、安全保障、人道、開発といった別々の分野の英知と経験を一つにする必要がある、と最終報告書は言う。とりわけ紛争と貧困とが悪循環を起こさないような「包括的なアプローチ」が必要であり、弱者を保護するだけでなく、自力で脅威に対応できるように能力を強化すること（エンパワーメント）が重要だと指摘している。

「保護とエンパワーメント」、これは報告書全体を貫く基本的な考え方である。「エンパワーメント」というのは聞き慣れない言葉だが、教育や職業訓練などによって当事者が社会的・経済的に自立できるように能力を育成・強化することを指す。

「人間は自分たちのもっているいちばん大事なもの、つまり生存とか生活をなんとかして守っていかなきゃならない。それと同時に、そういうものをより良い状況にもっていくための発展的な思考が必要だと思うんです。一方では守り（保護）、一方ではそれを進める（エンパワーメント）。自助努力を促進することが重要です。

どうやって自分で自分を守り、自分で運命を切り開いていくか。

個人が一人で差別されるところから紛争が起こるのではなくて、個人が属しているある集団が特に差別されている、あるいは歴史的に他と格差があるというところから不満が起こり、政治問題となり、さらにそれが武力の衝突になっていく。とすれば、その社会構造をよりオープンで、すべての人々にとってチャンスを与えるものに変えていくことが必要です。それを誰がやるのかというと、やっぱり自分たちでやるよりしようがないと思うんです。国家がもし阻害しているなら、国家も直していかないといけない。だけど、『国家が阻害しているから直してください』という要求は、やっぱり人々の中から出てこなければいけないと思うんです」

恐怖からの自由を求めて

続く第二章から四章では、紛争の脅威にどう立ち向かうかが主たるテーマである。

第二章のテーマは「紛争下にある人々の保護」。まさに、緒方さんが過去一〇年で直面した課題だ。

報告書が求めているのは、従来の安全保障の枠組み、たとえば国連安保理などにおいて「人間の安全保障」の考え方をもっと強化するということである。また、たとえば平和維持活動において女性や子供の保護を明示的に組み込むこと、紛争地域の警察組織や人道活動の強化を行うこと、兵士の武装解除を進め、雇用創出・児童兵への教育などと組み合わせることで紛争の根本原因を取り除くこと、などが提言されている。不法な武器取引を行う国際犯罪組織を取り締まることも重要な対策となる。

第三章は「移動する人々の保護」がテーマである。ここで注目されるのは、「難民条約」に基づく従来の難民支援の限界が指摘されていることだ。報告書は「難民条約」をさらに一歩進めて「人の移動をとらえる国際的システム」を新たに構築すべきだと提言する。

難民や移動労働者、犯罪組織によって密輸された女性や子供などを合わせると、全人口の三%にあたる一億七五〇〇万人が何らかの形で移動を余儀なくされているという。しかし「難民条約」で保護するよう定められた純粋な難民はその一部にすぎない。国内避難民の保護についても、すでに見たとおり確固たる法的基盤がない。こうした「難民条約の限界」はこれまでにも指摘されてきたが、報告書は「人の移動」という一貫したフレームで全体をとらえ、新たな国際的システムを構築することが必要であるとはっきり打ち出している。

第四章のテーマは「紛争後の社会の復興」である。ここには、ボスニアやルワンダ、そしてアフガニスタンで行った復興支援の経験と教訓が生かされている。

「人道支援」から「復興・開発支援」へ継ぎ目なく移行できるよう、治安維持、人道支援、復興開発、和解共存、統治能力の五つの柱を包括的に組み込んだ枠組みが必要であると報告書は言う。そのため、関係国や国連、世界銀行などで地域ごとに「移行基金」をつくってすばやく資金を拠出する。また、コミュニティの能力を下から支え、高めることにより長期的な統治と法の支配を達成することが重要であるという。「継ぎ目なく」という点が特に重要だ。

「人道援助が行われて、難民だった人が家へ帰っていく。そのときに早く対処しないと、せっかく生まれた安定とか和解、平和、そういうチャンスの芽が育たないで終わってしまうんですね。帰ったけれどもろくなことがないからまた出ていこう、というのは過去にいくらでもありました。そういう現実に対応するということがまず大切です。

もう一つは、非常に危機状態にあるときは国際社会はよく注目するんですが、いったんそれが薄らぎますと、みんな忘れたように手を引いてしまうという問題があります。そうすると、いつまでたっても自分の力で立ち上がるためのチャンスは来ないんですね。ルワンダでも、早く復興・開発援助の機関に来てほしいとどれだけ言ったかわかりません。でも、なかなか来ませんでした。

人道危機のときに出てくるお金は、外務省とか経済協力省庁から来るけれど、長期の復興援助の資金は、世界銀行とかアジア開発銀行とかから出てくる。お金の出所が必ずしも同じじゃないんですね。そのこともギャップを広げる原因でした。今回の提言が実現すれば、それが案外早くなるんじゃないかなと期待しているのです。

それから、大切なのは上からの復興ではなく、下からの復興、社会づくりだと思うんですね。上からのものは、いろんな無理が出てきますし、効果が一般の人たちに波及するのに時間がかかります。結局は下からの復興が長続きすると思うのです。

たとえば家を建て直すとしましょう。バルカンの場合だと、屋根だとか、扉、ガラスなどの資材を持ってきて、それを使って自分たちで家を建て直してもらいました。そういう方向にもっていったんですね。アフリカでもやっぱりなるべく自分たちでやってくださいとお願いしました。そうすると、みんな近くに小さなテントを建てて、自分たちで土と水を混ぜて一種の煉《れん》瓦《が》みたいなのをつくって積み上げていきます。そういう努力は、その人たちにとっても大事ですし、お互いに協力してやっていくというプロセスが、その後の国づくりに繋がっていくと思うんです。

非常にひどい、人道上許せない行動をした人たちに対する正義の問題、どのようにして法の裁きを受けさせるかという問題は一方にあります。しかし、やっぱりお互いに許し合っていかなきゃならないという面もあるんですね。そういう雰囲気をどうやってつくっていくか。

ＵＮＨＣＲが行った『共生の創造』という実験（本書第六章参照）があります。難民高等弁務官を辞めてから一年半ぐらい、私は現場へ行っていなかったんですけど、かつていちばんいがみ合っていたボスニアのトゥズラのあたりで、クロアチア人とセルビア人がいっしょにパン屋をつくった、畑仕事をやりはじめたとか、ついに喫茶室をいっしょにつくったとか、そういうのが出てきたそうです。それが広がっていくといいと思うんですね。いっしょの病院で診療する。あるいはいっしょの学校で勉強する。そういうふうに広げていくということが、紛争下にあった社会の構築にいちばん大事だろうと思います。ただし、初めからできるわけではないので、どうしても時間の経過が必要なんですね。国づくり、つくり直しには時間がかかるという認識は必要だと思います」

欠乏からの自由を求めて

報告書の後半では、開発に関連する問題が取り上げられている。

第五章では、「経済的安全保障」の面から提言が行われている。貧困をなくすための経済成長と雇用の確保、経済危機や自然災害の予防措置に加え、社会的セーフティ・ネット（最低生活保障制度）の確立が必要であるという。

第六章は「人間の安全保障と健康」。保健衛生の分野で特に懸念されているのは、エイズなど感染症の急速な拡大だ。貧困国、特に南部アフリカにおいてエイズ患者が急増している。しかし、特許で守られた正規の治療薬が高価なため、患者を救うには第三国から安いコピー薬を輸入せざるを得ない状況に追い込まれている。これに対してアメリカなどの製薬会社が「知的所有権の侵害だ」と主張して対立が続いている。「人命」と「知的所有権」のどちらを優先するのか。途上国にとって死活的な問題であるだけに、報告書はバランスのとれた取り組みをするよう求めている。

第七章は、教育についての提言である。世界全体で約一億二〇〇〇万人の就学すべき児童が学校に行っておらず、そのほとんどは途上国の子供である。特に女児を念頭において、初等教育の完全普及を図っていかなければならない。その教育においては、多様性を尊重する心をはぐくみ、異なる人々がともに暮らしていける民主的な社会を形成することをめざすべきだ。報告書は、そう勧告している。

第八章は全体の総括にあてられ、これまで述べてきたような勧告が列記されている。

この最終報告書は、日本の小泉首相や国連のアナン事務総長に提出された。これまで理念ばかりが語られていた「人間の安全保障」について具体的な行動指針を示したという点で、歴史的な意義は大きいと言えるだろう。しかし問題は、この勧告がどのように生かされていくかという点にある。

緒方さんとともに「人間の安全保障委員会」の共同議長をつとめるセン博士は、アメリカをはじめとする先進国の安全保障論がいま「テロとの戦い」に偏りすぎていることに強い懸念を示してこう言った。

「多くの人が気づいていませんが、あの九月一一日にテロで亡くなった人の数よりも、世界中でエイズで亡くなった人の数のほうが多いのです。毎日、同じくらい大勢の人がエイズで亡くなっていますし、同様に栄養不良で亡くなっていく子供たちもたくさんいます。人々が亡くなる理由はさまざまです。決してテロ事件を軽視するわけではありませんが、あれはビルが倒壊するという劇的な惨事でしたし、アメリカ人という世界で最も裕福な人たちに起こったことです。

テロは大きな脅威であり、それと戦うのは正しいことです。しかし、同じだけの努力が、他の問題に振り向けられているとは思えません。そこをきちんと見極めていかなくてはならない。

たとえば全世界の武器の八七%は最も豊かな先進八カ国から輸出されています。そして、全世界の武器の八一%は国連安保理の常任理事国によって輸出されています。アメリカ一国だけで、全世界における武器の販売の五〇%を占めており、そのうち六八%が開発途上国向けに輸出されているのです。これだけ見ても、先進国は世界の紛争について大きな責任を負っています。人間の安全保障を実現するには、こうした問題にもっと積極的に取り組まなければなりません」

日本の役割

時代は混沌《こんとん》としている。「テロとの戦い」の先行きによっては、世界の平和と安定が大きく脅かされる事態もあり得るかもしれない。この委員会を設立し、議論を後押しした日本には、理念を現実のものにするための具体的な行動が求められている。

アフガニスタンの復興支援について言えば、報告書に盛られたような考え方はすでに実行に移されつつある。難民や避難民を支援しながらコミュニティを下から再建する「緒方イニシアティブ」、DDR（元兵士の武装解除・動員解除・社会復帰）を支援する「平和のためのパートナーシップ」計画など、日本は特徴のある支援策を打ち出しており、すでに五億ドル近い拠出を行った。アフガニスタンの先行きはまだ予断を許さないが、人々の暮らしが再建されていけば、中央アジアの安定に大きく寄与することだろう。

「日本がいま平和であるということと、平和であり続けることは違うことだと私は思うんですね。

国内においていろいろな問題はありますけど、少なくとも国際的には、日本は大きな戦争をするとは考えられないほど安定した関係をもっています。では、それが世界中で言えるかというと、そうじゃない。やはり多くの紛争の素地はあるし、現実に戦争があるわけです。それがあるかぎりは、テロだっていつ来るかわからないですし、周辺から来る不安定な事態にも対応していかなければならない。

現在の世界は、経済的にも政治的にもそれから安全保障の面からも相互依存なんですね。自分は関係ありません、という態度では自分の国は守っていけません。相互依存の考え方でなければ、最終的にはテロに対応できないと思います。

アメリカでは今、国の中にテロ分子がいるんじゃないかと、お金の流れを止めたり、テロを生むような国の人たちの出入国を管理したりしていますけど、それでは本当には安全を守れないわけです。アメリカのいちばんいいところは自由な国で、それだから人が来るわけでしょう。やたらに制限すれば不満だけが広がるわけですから、そうなるとまた違った形での対抗勢力あるいはテロみたいなものが残っていくと思うんですよ。

いくら不況といっても、日本の経済力は規模が違います。生活水準だって、世界の中を歩いてご覧になれば、いかに高度なものかということがわかりますよ。そういうものを続けようと思ったら、ほかの人たちも恩恵を感じられるように、格差から生じる不満が起こらないようにしなきゃならないわけですよね。自分の安全を守るためには、ほかの人たちの不満に対応していかなきゃならない。でも日本は島国でもありますし、実感がないんですね。本当の危険とか、本当に求められているものの実感がない。

七〇年代の終わりにインドシナ難民の問題がありました。これは非常に近い問題として広く日本の社会に受け入れられました。そしてアジアの安定復興などにも日本から出ていくようになりました。ところが、しばらくそれがなかったんですね。もう一度持続性のある形で日本人が関与していくにはどうすればよいか。今回のアフガニスタンの問題では、NGOの団体もずいぶん動こうとしてしますし、認識の再検討も起こった。これはいいチャンスだと思いますよ、私は。こういうことが必要だったんだろうと思うんですね。

日本の若い方でも、本当の僻地で働いてくださっている方が、ずいぶんいるんですよ。そのことを、もっともっと日本社会が評価してほしい。私は何も、一生NGOの仕事をして僻地で働いてほしいなんて思っていません。若い方たちのある成長段階においてそういう経験を積むことは、その人たちにとっても大事だし、日本の社会にとっても大事なんじゃないかなと思います。

もっと頑張ってください。ほんとに頑張っている方たちがいらっしゃるんですよ、びっくりするほど。もう少し、もうちょっとその人たちが増えて、そしてその人たちの評価というものが出てくることが必要だと思います」

緒方さんは、とりわけ母国である日本に対して、単に外交政策だけでなく一般の人々の意識の改革を求めているとも感じられる。

たとえば、難民条約に加入して以来二〇年間で日本政府が認定した難民の数は、合計で三〇〇人に満たない。これは他の先進国に比べてはるかに遅れをとる数字であり、緒方さんが難民高等弁務官になってからもほとんど改善されなかった部分である。

難民認定制度の改正を求める日本弁護士連合会主催のシンポジウム（二〇〇二年一一月）に、緒方さんはニューヨークからメッセージを寄せた。

「日本はいわゆるエンターテイナーを毎年一一〇万人近く合法的に受け入れていますが、日本の出入国管理においては、エンターテイメントが難民に対する思いやりよりもはるかに優先されているのでしょうか」

日本の政策を痛烈に皮肉ったうえで、事態の改善を求めて彼女は次のように言う。

「日本人は、日本が単一民族の島国であるという錯覚のもとに暮らしてきましたが、これはあくまでも錯覚であり、人・モノ・情報などが広く行き交うグローバル化した今日の世界においてはとうてい維持し続けられないでしょう。私たちは島国根性や外国人に対する偏見や差別を打ち捨て、外の世界の問題を自分たちの問題としてとらえる必要があります」（ＵＮＨＣＲニ

ユース「難民 Refugees」No.24　二〇〇三年第一号　UNHCR日本・韓国地域事務所編）

緒方さんは、難民高等弁務官の時代から、将来の日本を支える理念として「人道大国」という言葉をしばしば口にした。過去一〇年間、最も悲惨な場所から世界を見つめてきた彼女の経験と知恵が凝縮された「人間の安全保障委員会」の最終報告書は、まさに「人道大国」への道筋を示した一つの指針と言えるものだろう。

その指針を自らの財産としていくことができるかどうか。それは、私たちがどのような選択を重ねていくかにかかっている。

終章　イラク戦争、そして日本

イラクへの軍事侵攻

本書を執筆中の二〇〇三年三月二〇日、アメリカ軍はイギリス軍とともにイラクに対して軍事侵攻を開始した。米英両軍の圧倒的な戦力によってバグダッドは四月九日、事実上陥落。サダム・フセイン元大統領をはじめ政権幹部の行方がわからぬまま体制は転覆され、アメリカ軍を中心にした占領統治が始まった。

イラクがアメリカの新たな攻撃目標として浮上したのは、アフガニスタンに新政権が設立されてまもない二〇〇二年一月二九日の一般教書演説の場だった。ブッシュ大統領は、大量破壊兵器を保有しテロを支援する国家としてイラン、イラク、北朝鮮の三国を挙げ、これを「悪の枢軸」と呼んだ。そしてイラクをアフガニスタンの次の標的に定め、軍事作戦の検討に入ったのである。

当初、チェイニー副大統領らブッシュ政権内の保守的な強硬派は単独攻撃も辞さない構えだったが、パウエル国務長官らの主張で国連による大量破壊兵器査察のプロセスを一応は踏むことになった。国連安保理はこれを歓迎、二〇〇二年一一月に決議1441を採択し、イラクに対する大量破壊兵器査察の再開を要求した。この中には、イラクが即時無条件の査察に応じなければ、「深刻な結果を招く」という文言が盛り込まれ、安保理理事国の歩調はそろったかに見えた。

　しかし、アメリカは国連監視検証査察委員会（ＵＮＭＯＶＩＣ）の調査継続の意向を無視し、イラクへの攻撃準備を急いだ。そして、最終的には国際社会からの強い反対論を押し切って攻撃に踏み切ったのである。

　イラク戦争は、二〇〇二年九月に採用された新しいアメリカの国防政策（ブッシュ・ドクトリン）が掲げる「先制攻撃論」を最初に適用した戦争と言われる。アメリカは当初、攻撃の理由として、イラクの保有する大量破壊兵器の脅威や、サダム・フセイン政権とテロ組織アルカイダの繋がりを主張した。アメリカに対する攻撃を未然に防ぐというのがその説明だったが、いずれの主張についても確たる根拠を示せず、最終的には「イラクの人々を圧制から解放する戦いだ」という理由を強調せざるを得なくなった。そしてこの軍事作戦に「イラクの自由」という名称を与えた。

　アメリカは、この戦争を安保理決議に基づいたものだと主張している。しかし、フランスをはじめ、多くの国々はそう考えていない。また、体制転覆のみを目的とした武力行使を国連憲章は認めていない。イラクにおける人権侵害には目に余るものがあったとはいえ、そうした体制はイラクだけではないから、なぜフセイン政権転覆だけを急いだのかという疑問は残る。

　果たしてこの戦争とその余波をどう考えるべきなのだろうか。バグダッド陥落後の四月二二日（現地時間）、ニューヨークにいる緒方さんに電話で聞いた。以下はその記録をまとめたものである。

イラクへの先制攻撃は正当化できない

「今でもそうですけども、現時点で先制攻撃をしなければならないという理由は、私には見いだすことができませんでした。

ブッシュ政権は、攻撃の理由をいくつか挙げていますね。まず、大量破壊兵器の問題。これは、みんな懸念はしているんですが、証拠が出ないまま戦争が終わりつつあるわけです。テロ組織との繋がりも証拠がない。これがいちばん正当性に疑問を投げかける結果になっています。そのことは、安保理でもかなり議論もされましたし、私がダボス会議でヨーロッパに行ったときにも問題視する議論がかなりありました。

もう一つ挙げた戦争の理由は、『悪い政権からの解放』ですが、悪い政権を倒したいという気持ちはあっても、外国の人に支配してほしいかというと、イラクの人々の本音はそうじゃないわけですよね。そのことは今、次第にはっきりと出てきています。そういう場合には、どうやったらいいのか。やはり、外交的、あるいはいろいろな形で巻き込むことによって、そういう問題になんとか答えを与えていく息の長い政策が必要だったんじゃないでしょうか。

では、なぜアメリカはこうした行動をとったのか。まず、テロ事件によって、アメリカ人の中に自分たちが攻撃対象にされているという恐怖心が起きた。にもかかわらず、テロにどう対応していいのかわからない。それが、愛国心の高まりという形に集約されて出てきているのだと思います。それがなければ、今のアメリカ政治の一部にある非常に保守的な動きが政策という形で実現するのは難しかったのではないでしょうか。

イラクとの問題の解決が難しかったことはみんなわかっているわけです。フセイン政権が望ましくない政権であることもわかっている。そこには誰も反対していないんです。ただそれだから先制攻撃しなきゃならないという理屈は、九月一一日のテロがなければ、アメリカ国民に対しても説得力をもたなかったでしょう。

今回のイラク攻撃について、アメリカ国民の多くが支持を与えたという世論調査の結果が出ています。しかし、地域的あるいは階層的にもう少し分析していかないと、誰が支持しているかということに答えははっきり出てこないと思います。そこはもっと分析が必要だと思います。そうやはり地域的にいえば支持が高かったのは、どちらかというと、中南部とか南部ですね。そうした地域と、カリフォルニアとかニューヨーク、ボストンなどの地域ではおそらく違うんだと思いますよ。新聞の論調も非常に分かれていますから。

反戦デモというのはずいぶん大きかったと思います。規模としては、ベトナム戦争のころに匹敵するというふうに言われています。それも、いわゆる『反戦屋』と言われるような人たちだけではありませんでした。しかし、なかなか広がらない。特に、今のところは戦争に勝ったということで、意思表示をしにくくなっている面もあるでしょうね」

アメリカはどこへ向かうか

今回の一連の事態で特徴的だったのは、安保理理事国の間に大きな亀裂が生じたことである。とりわけ、フランス、ロシア、ドイツが査察の継続を求めて武力行使に慎重な議論を展開し、アメリカ、イギリスなどと鋭く対立した。同時に、世界規模で反戦デモが広がりを見せ、アメリカやイスラエルを除く多くの国々でイラク攻撃に反対する世論が多数を占める情勢となった。いらだつアメリカのラムズフェルド国防長官が、「フランスやドイツは『古いヨーロッパ』だ」としてその存在を軽視する姿勢を示すと、フランスのドビルパン外相が安保理の協議で、「(戦争に反対するのは)戦争と占領と残虐の歴史を知っている『古いヨーロッパ』であるフランスからのメッセージだ。フランスはその価値観を忠実に守り、より良い世界をともに築く力があると信じる」と切り返して場内から異例の拍手を受け、アメリカの孤立を印象づけるという場面もあった。アメリカ側は、武力行使を容認する新たな安保理決議案を採択すべく、経済援助などを条件にした熾烈《しれつ》な多数派工作を行ったが、ついに実現には至らなかった。中間派と呼ばれた非常任理事国六カ国（アンゴラ、チリ、ギニア、メキシコ、パキスタン、カメルーン）から十分な支持をとりつけることができなかったからである。

「戦争に反対する側では、フランスが非常に中心的になったという印象はみんなもっているんですが、非常任理事国の六カ国が、あんなにアメリカに圧力を加えられているのにもかかわらず、中立を保ったというのは大きいと思います。超大国といえども、圧力の行使には限度があるということなんじゃないでしょうか、少なくとも外交的には。

この戦争が今後、アメリカにどんな影響をもたらすのか。これはいくつかあると思うんです。

一つは経済がどうなっていくかということが大事な要素だと思いますね。アメリカの経済が良くなれば、今の政権は安泰だと思います。良くならなければ、これに対する不満が、生活の面から出てくる可能性がある。そうすると政策に対する批判も出てくると思うんですね。それからもう一つは、やっぱり選挙の問題と非常に強く関連していると思います。ブッシュ大統領の再選問題。こうした国内政治の要因がどうなるかによって、流れは変わってくると思います。

もう一つの重要なポイントは、『イラクとの戦争に勝利しても、平和に勝利するのかどうか』ということなんですよね。それが非常に難しいということは、今、大統領も国防長官なども認めはじめています。私は、もともと軍事力の行使で得る成果よりも、もっと問われるのは、その後の平和の質、平和構築の質の問題だろうと思うんです。これが非常に大きな問題だということは、今、じわじわと認識が広がっているんじゃないでしょうか。軍事力行使の本当の結果が問われてくると思います」

イラクとアフガニスタン

アメリカとイラクには、もともと冷戦期以来の因縁にみちた歴史がある。その意味では、アフガニスタンの場合と同じように、アメリカが過去のツケを払わされているという面があることを否定できない。

一九七九年にイラクにフセイン政権が誕生した時、アメリカはこれを積極的に支援した。親米国家だった隣国のイランがイスラム革命によって反米的な色彩を強めたため、新たな「湾岸の憲兵」を必要としたのである。ソ連の南下を防ぐという伝統的な対中東政策の面からも、イラクは要になる位置にあった。フセイン政権は西洋的な近代化をめざす政策をとっており、その点からも与《くみ》しやすい政権であると当時は考えられていたのである。

翌年にイラン・イラク戦争が始まると、アメリカをはじめとする欧米諸国は軍事的・経済的にイラクを支援する。その結果、イラクは大量破壊兵器の開発能力を獲得し、中東でも指折りの軍事大国になったのである。欧米諸国がそのことの深刻さに気づくのは、フセイン政権が化学兵器を使ってクルド人を虐殺したことが戦後に報道されてからのことだった。しかし、その後もアメリカ・レーガン政権は、原油埋蔵量で世界第二位の産油国イラクとの蜜月《みつげつ》を楽しむ。両国間の貿易は急カーブを描いて増加した。

その関係に終止符が打たれたのが、一九九〇年の湾岸戦争だった。アメリカは同盟国であるクウェートに侵入し南のサウジアラビアまでうかがうイラク軍に対し、撤退を求めた。そして最終的には、国連安保理の決議にもとづく多国籍軍によって攻撃・排除したのである。

その後の一〇年間、クリントン政権の対イラク政策は、国連を通じた経済制裁と武器査察による「封じ込め」が基調になった。イラクの石油輸出を禁じ、「武装解除が確認されないかぎり、経済制裁を解除しない」という方針がとられたのである。ところが、この政策によってイラクで人道的な危機が発生したため、国連は一九九六年「食糧のための石油」という仕組みをつくり、条件付きで石油の輸出を認め、これを民生品の購入・配給にあてた。

国連による武器査察の枠組みは、一九九八年にいったん崩れた。武装解除が進まないことに業を煮やしたクリントン政権がイギリス軍とともにイラクに四日間の空爆を加えたからである。今回の査察再開は、その後四年間の空白を埋めようとしたものだったが、アメリカは早々にこれをうち切って武力行使に及んだわけである。

では、イラクの人々にとってアメリカは「歓迎される客」なのだろうか。

湾岸戦争後、アメリカはフセイン政権のもとで抑圧を受けた反体制派（北部のクルド人や南部のシーア派）をまとめて支援しようとした。今回の戦争でも、こうした国内の反体制派に蜂起を求め、アフガニスタンの「北部同盟」と同じ役割を期待しようとした。

しかし、こうした反体制派は一枚岩にならず、一斉蜂起も起きなかった。両者にはそもそもアメリカに対する根強い不信感がある。湾岸戦争直後の一九九一年三月、アメリカの呼びかけに応えてシーア派とクルド人が一斉蜂起したものの、アメリカ軍がこれを支援しなかったためにフセイン政権から凄惨な報復を受けて多くの人々が犠牲になったからだ。この事件が大量のクルド難民を生み出したことはすでに第二章でふれたとおりである。

現在バグダッドや、南部のシーア派住民の地域では、はやくも反米デモが頻発《ひんぱつ》する状況になっている。

「アフガニスタンと今回のイラクでは、うんと違うと私は思うんですね。

第一にアフガニスタンというのは軍閥割拠の地域であって、対タリバン・アルカイダ戦争においてアメリカは北部同盟と一緒に戦ったんです。ですから北部同盟の協力というものが非常にあって、政権の中枢に北部同盟が入った。それを今度はもう少し民主化して普遍化していくという政治の課題はもちろんあります。それから、地域の軍閥もまあ今のところ政府に入ったりして、なんとかバランスをとっているんですけれども、南部のパキスタン国境地域においてやっぱり問題があるわけですね。こういう状態にあって、少なくとも現時点で軍事力の駐留の必要ということは認められていると思うんです。それがなくなると治安が悪化して復興への道は崩壊してしまう。ですからＮＡＴＯが、国際治安支援部隊（ＩＳＡＦ）にとって代わるというのは、私はいい方向だと思います。どうやって『平和のコスト』をみんなで負担していけるか。そういう意味で私は、復興の課題というものには非常に戦略的な意味があると思いますし、それに対して手を抜くというのは、今の時点では間違っていると思う。

一方、イラクでは、あれだけの大きな軍隊で非常に大きな戦争をしたわけですよね。そのあげく、『サダム・フセインが倒れたことは評価するが、アメリカには長くいてほしくない』というような言動が急速に出てきた。これはアメリカも予想していなかったと思いますよ。民衆の蜂起によって支援されるという宣伝をブッシュ政権はずいぶんしていたのですから。イラクでも、シーア派とスンニ派、それから部族的にもいろんな対立がありますからね。それがどういうふうに動いていくかという点を考えれば、今の方向性には非常に大きな疑問符がつくと思いますね。そしてやっぱり、アメリカの軍政を敷くということがはっきりしているから、ほかの国が入って、これを緩和していくという方向にもなかなかいかないんですね。

制裁にしても査察にしても『食糧のための石油』にしても、これまで国連が育ててきた制度をアメリカは全部壊してしまった。壊してしまって、そしてそれで自分の都合のいいようにやりたいと言われても、なかなか関係諸国はうんとは言わないんじゃないでしょうか。『食糧のための石油』のお金の使い方につきましても、結着がつかないんですよね。経済制裁はアメリカが中心になってやっていたんですけど、そういうものを無視して戦争をしてしまったのですから。制裁があったからこそ『食糧のための石油』という特別の口座があって、それから本当に大量のものを買って、イラクの人々に提供していたんですよ。食糧、医療からその他、生活のインフラに至るまで。その制裁を急に解くと言っても、みんな、うんと言わないわけですね。

とにかく方向としては、なるべく早く軍政をやめて、国際的な、多少なりとも国際協力の下にあるイラク政権を樹立して、その支援という形に持っていくより仕方がないんじゃないでしょうか。イラク政権の樹立、これもなかなか大変そうですが、イラクは非常に高度の教育を受けた、アフガン社会と比べるとずいぶん近代化された社会なんです。もともとそういう西洋型の近代化を目指した社会だった。アフガニスタンみたいにほとんど教育を受けていない人が九〇パーセント農村にいるというような社会じゃないから、復興への対応も違うと思うんですね」

日本占領との違い

今回のイラク攻撃を強く主張した強硬派の人々は、新保守主義者（ネオ・コンサバティブ）と呼ばれている。「強いアメリカ」を提唱したレーガン政権の流れをくみ、ラムズフェルド国防長官、ウォルフォウィッツ国防副長官、パール前国防政策委員会議長などがその中心人物だ。彼らの多くは、湾岸戦争当時からフセイン政権の打倒を唱えていた。イスラエルとの繋がりが強く、イラクの「民主化」を中東全体に波及させていくという将来像を描いている。

イラクの戦後についてアメリカは、アフガニスタンの時のような国際的な枠組みを採用せず、自国が主導することを現時点で明確に打ち出している。国防総省の下部組織である復興人道支援室（ＯＲＨＡ）が「民主化」と新政権づくりを主導するという構想である。

「アメリカの中には、中東全体を武力で民主化するというような主張もありますが、私は間違っていると思います。また、今回の米軍によるイラク占領を第二次大戦後の日本占領と比べる議論は、的はずれだと思います。

日米の戦争というのはとことん両方が戦った一種の帝国主義戦争だったわけですね。それは中国大陸の権益をめぐる戦争だった。そして、そういう戦争をして日本は完全に全面降伏をしたわけですから。日本側も、全面降伏したという事実から国づくりを始めていったわけですね。

さらに直接の軍政ではなくて、間接統治だったんですね。日本の官僚機構をすべて残したまま統治を行い、天皇制も残したわけです。民主化について言えば、軍の解体であり財閥の解体であり、それから農地改革があり、さらに日本側の戦後復興の努力と相まって、中産階級の厚い民主的な国になっていったわけです。

ところが、今度の場合は、相互に戦争したんじゃありません。事態を正確に言い表そうとする人は、invasion（侵攻・侵略）という言葉を使いますね。国と国とのあいだの戦争じゃない。一方的な侵入だった。一方的な攻撃だった。第二次世界大戦は世界戦争でしたから、戦後の世界平和のためにどうするかという議論になって国連を創設する案とかいろいろ出てきたわけです。そういうようなものとはまったく違うと考えたほうがいいんじゃないんでしょうか」

日本はシビリアンパワーの国

今回のイラク戦争については、日本政府はアメリカを支持する方針をとった。開戦直後の三月二〇日の記者会見で小泉純一郎首相は、「日本に対してもいつ脅威が降りかかるかわからない。アメリカは、日本への攻撃はアメリカへの攻撃とみなすと明言しているただ一つの国だ。このこと自体、日本を攻撃しようと思ういかなる国にも大きな抑止力になっていることを忘れてはならない」として、明言しなかったものの北朝鮮への警戒をにじませ、日米同盟の重要性を強調した。しかし、日本でも戦争を支持する世論は多数派とはならなかった。

テロ事件以降、次第に国連を離れて単独行動主義を強めるアメリカに、日本は同盟国としてどのように付き合っていくべきなのだろうか。

「今回の戦争について、日本政府の中ではいろんな議論がされていたのかもしれませんけどね、表には全く出てきませんよね。納得のいくような議論は聞こえなかった。さらに言えば、正直なところ日本の新聞を見ないかぎり、日本が何をしているかというのは全く国際的には伝わってきません。国際的な新聞のほうでは、日本はノン・プレイヤーで終わったんじゃないかと思うんです。今回の場合は、それならそれでかえって良かったのかもしれませんけど。

本当に日米同盟は大事だと思うんですよ。だけど、そうすると同盟のあり方というのものをもう一度考えないとね。やっぱり、それぞれ国のあり方というのがあると思うんですね。アメリカの国のあり方と、日本の国のあり方というのは、違うと思うんですね。日本は軍事的な大国になって動くということはやめたんだし、やめたということで非常に立派な国になってきたんですよ、戦後。経済を中心にして民生国家、シビリアンパワーとして進んできた日本のあり方。そのこと自体に行き詰まりはあるにせよ、ここから急に軍事国家になっていくというのは、国民は全く支持しないと思いますし、望ましいことじゃない。そんな道はこれまで進んでこなかったわけです。

そういう日本が、今、非常に軍事国家的になりつつあるアメリカと、どういうところで本当に相互依存を認識し、お互いの立場を尊重していくか。その根本的な問題意識に立って、両国の関係を考え直さなきゃいけないんじゃないでしょうか。同盟国としての役割が問われています。

たとえば今回のイラク戦争に対してフランスやドイツが反対する場合と、日本が反対する場合とは、私はちょっと違うと思うんですね。日本としては、まず第一に、やっぱり北朝鮮とのあいだでも、アジア諸国とのあいだでも、相互理解に立脚した強固な関係を樹立する努力がもっともっと必要だと思います。その中で、韓国とも話し合い、中国とも話し合い、そして北朝鮮とは軍事力の行使による解決ではない方向に持っていかなきゃいけないんです。

それなのに、アメリカに守ってもらって、アメリカが攻撃するのにしがみついていかなきゃならないなんていうのは、ずいぶん哀れな話じゃないんでしょうか。そう思いませんか？　最終的にはそうした事態もありうるかもしれないけれど、その場合でも、日本が自分のやれることと、やれないこととをはっきりアメリカと話し合っていくべきです。向こうがやってほしいというものについて、どこまでがやれる範囲で、どこまでそうではないか。アメリカだって、ただただ言うことを聞いてほしいんじゃないでしょう。

外交というのはもっと多元的なビジョンで進めていかなければならないと思います。アジアの中での大国なんですから、日本は」

これからは外交の時代

「やっぱり外交が問われる時代なんだと思います。

日本の今まで生きてきた道を振り返るなら、ほんとに国際的な依存度の高い国だということは明らかです。その依存のもとになるいい関係というものをもっともっと広げていかなきゃならないと思うんですよ、開発途上国も含めて。今後は、アジア外交がいちばん大事なんです。

昨年、北朝鮮に小泉首相が行って新たな外交ルートを開いたのは、私はとてもいいことだと思います。もちろんそれに完全にすぐ乗ってくるような国とは思っていませんけども、やっぱり努力は続けていかないといけない。最終的には、近隣諸国との関係ということがいろいろな形で安全に繫がっていくと思うのです。

いわゆる拉致《らち》問題は、非常に難しいことだと思いますし、人道的な配慮の重要性というのは十分私は理解するんですけれども、それが本当の解決に繫がるためにも、やっぱり国と国との関係を正常化しないといけないんじゃないでしょうか。

日本がイラクの復興に関与するとしたら、もっと国際的に広がりのある枠組みができてからでいいと思います。アメリカの軍政の中に日本が入っていくというのは、今までの日本のあり方とか今後のことを考えた場合、非常に注意が必要です。その軍政の評価がどうなるかということもありますよね。

日本はそもそもアラブ諸国には非常に大きな資金投入もしましたし、アラブの専門家もたくさん養成して、あの地域と友好関係をつくるのに七〇年代から努力してきたんですよね。その蓄積はいったいどのように生かされているのでしょうか。

アメリカだって、次の段階ではもっとアラブ諸国との友好関係をつくっていかなきゃならないでしょう。そういうときに、日本もまた頼りになるような存在になる必要があるんじゃないのでしょうか。今回の戦争は一つの損失だったかもしれませんが、それはまだ回復できないわけじゃない。

アフガニスタン復興に際して日本が重要な役割を担うことになった理由は、日本が過去に努力してきたということが認められたからなのです。タリバンの人を日本に呼んだりして和平を試みたりした実績があったんですよね。それがアメリカを含めていろいろな国に、なるほどという気持ちを起こさせた。だから日本が、復興においてある程度中心的な役割を担うことになったのです。

外交というのは非常に多面的なものですよ。特に日本のような経済大国で、世界的にいろいろな交流をもった国は、そういうところをもっと大事に培っていくことで、自らの安全にも世界の安全にも繋がっていくんじゃないでしょうか」

緒方さんの主張は、テロ事件以降、一貫している。日本が国際的な相互依存に立脚している国であることを認識し、そのために何ができるかを考え続け、実践することが自らの安定にも繋がる。そのためにはアジア諸国との絆《きずな》を深め、内向きになることなく、アメリカにも働きかけて国際主義の進路を選択し続けなければならないということである。

緒方さんのこうした主張はどのような歴史の認識から出てきたものだろうか。これを理解する上で最適だと思われる講演を掲載して、本書を閉じることにしたい。

ここでご紹介するのは、一九九九年三月に、マンスフィールド太平洋問題研究所が主催し、米国議会図書館の後援を受けてワシントンで行われた講演の記録である。緒方さんとも親交があったマイク・マンスフィールド元駐日大使にちなんだ講演会で、当日は国務省の高官なども出席したという。好景気にわくアメリカ、金融危機に苦しむ日本がともに「内向き」の傾向を強める中で、「国際主義」「多国間主義」に立ち戻るよう警鐘を鳴らしたこの講演は、いま読み返してみてもいささかもその意義を失っていない。それどころか、ますます提言としての重みを増していると思われる。本章で語られた日米関係の未来像とあわせてお読みいただきたい。

一九九九年三月一〇日・ワシントン
マンスフィールド太平洋問題研究所主催の講演

緒方貞子『日本、アメリカと私——世界の課題と責任』

マンスフィールド・センター関係者のみなさま、
ご来賓、
ご来場のみなさま、

本日マンスフィールド財団のお招きで講演させていただけることを光栄に存じますと同時に、このような機会を与えてくださったマンスフィールド太平洋問題研究所のみなさま、そして米国議会図書館のみなさまにお礼を申し上げたいと思います。また、本日私がここで話すことは、最もお慕い申し上げ、尊敬する方で、日米関係の世界的な重要性を強調した点で賞賛に値する人物――もちろんマイク・マンスフィールド氏のことです――彼との関係が思い起こされる点でも非常に光栄に思います。

まず、日米関係について始めさせていただきたいと思います。この講演が『アメリカ、日本と「私」』というタイトルになっていることに、驚いたり、不思議に思った方々もいらっしゃると思います。今世紀の国際関係において最も主要な要素となっているこの議題に「私」を加えることは、非常に場違いなように感じられることは承知しております。したがって、まずこの点から明らかにさせてください。

一九世紀半ばから、日米関係は国際地政学上も互いの利益のうえでも重要な要素でした。おそらくその関係を最も大きく特徴づけるのは、五四年前に起きた劇的な変化でしょう。すなわち、互いを敵として途方もない戦争をした両国が終戦を機に親密な同盟国となり、それが五〇年以上も続いているということです。しかしながら日米関係には、あまり触れられることのない、もう一つの側面があります。誰もが口にする日米の「関係」ではなく、日米の責務（コミットメント）です。私はこの点についてお話しさせていただきます。私たちはこの二つの国の政治的・経済的・財政的・文化的な相違や共通性に注目するあまり、豊かで安定した世界のためには、アメリカと日本がともに中心的要素であり、かつ必要不可欠であるべきだということを、見落としがちです。さらに言えば、日本とアメリカは世界平和と繁栄を成し遂げるための巨大な推進力でなくてはならないのです。

私は、国際関係に携わってきた家庭に生まれた者として、また形成期の多くをアメリカで過ごした身として、必然的に太平洋全域における関係には強い関心をもっています。しかし、国連難民高等弁務官として、この関係にさらなる差し迫った関心があります。——その関係が、難民の保護や人道主義の理念、そして世界的な連帯全般をどのように支えてくれるのか、に関心があるのです。私どもの事務所の任務、すなわち、世界中の二三〇〇万人もの難民・帰還民・国内避難民を保護し支援していくという仕事の多くが、アメリカと日本の関与、つまり、政治的・道義的支援や財政的支援、そしてその世界的な指導力にかかっています。

しかしながら、日米関係の将来の関係を見据えるとき、懸念材料がたくさん見うけられます。どちらの国も内向きの傾向が優勢になっています。国際社会への責任感が後退しつつあります。外交政策はますます大衆迎合的な政治に左右されています。——その場しのぎの対応や方策が長期的ビジョンと包括《ほうかつ》的な戦略に取って代わられつつあるのです。このことは両国の関係に大きな影響を与えます。もしそうだとしたら、両国にとって、相互の重要性は減退してしまったのでしょうか。アメリカにとって日本は、もはや最重要国ではなくなってしまったのでしょうか。また、その逆も言えるのでしょうか。

強い経済を築くことが、戦後日本の理念の根幹をなしていました。そのことで日本は戦争の荒廃からよみがえり、アジアの中で経済的には主要な役割を担い、やがていわゆる「アジアの奇跡」を達成することができたのです。この経済再建への集中と、それがもたらしためざましい成長は、実は昨今の経済問題への日本の対応ぶり、というよりむしろ、その対応の不十分さを説明するものでもあります。今回の危機は日本のまさに力の源、すなわち経済そのものを直撃し、ずたずたにしてしまったのです。その対応はほとんど麻痺《まひ》状態と言ってもいいでしょう。アメリカからは激しく非難され、アジアの隣国からは対応を求められました。同時にこの危機は日本の指導力と行動力の底の浅さを露呈させてしまったようです。

戦後の日本の発展で、いったいどこがおかしくなってしまったのかを理解することは、私たち全員にとって重要なことだと思います。私は専門家ではありませんが、この進歩をいくつかの異なる興味深い立場から目にする幸運に恵まれた者として、個人的な視点で検証したいと思います。

＊＊＊

戦後初期のころの日本で私が思い出すのは、なによりも、学び、進歩することへのすさまじい決意と意欲です。もっと広く言えば、日本は世界の中で名誉ある地位の回復を熱望していました。これらの姿勢には、非常に理想主義者的で、かつ非常に強い国際主義者的な考えが基本にありました。つまり、日本は「国際社会」の価値を信じ、国連を信じていたのです。その一例として、一九五六年に日本からの初めての代表を国連に引き連れていった重光《しげみつ》葵《まもる》外務大臣の言葉を紹介しましょう。

「我々は世界中の平和を愛する人々の正義と誠実を信じて、我々の安全と存在を保持していくことを決意いたしました。平和維持へのたゆまない努力をする国際社会の中で、日本は名誉ある地位を保つことを望みます。日本は、国連が平和の維持とともに人道主義に重きを置いていることに、こころより喜ぶものであります」

平和主義も優勢でした。軍事的敗北がどれだけ日本に深刻な影響を与えたかは、みなさんもご存じでしょう。戦後数年、日本の国は大きく動揺していました。反軍事・反戦感情がたいへん強く、またもちろんアメリカの安全保障という庇護の下に日本はありました。私がジョージタウン大学で研究を続けるためにアメリカにやってきた、そしてその後またカリフォルニア大学バークレー校へと進むためにやってきた五〇年代には、日本はそういう環境にあったのです。すなわち、経済再建へのたゆみない努力と強い国際主義者的・平和主義者的理念がからみ合ったような日本だったのです。

日本からアメリカに来た私を迎えたのは、オープンな環境や寛容な人々、自由闊達な学究的環境でした。アメリカは世界を率いる力があり、またそれがアメリカに課せられた責務であるという確信が高まっていく時代の空気を肌で感じました。非常にオープンで、真の国際的精神が漂っていました。多くの教授や学生が移民であったり、中には難民までもいました（一九五六年のハンガリー動乱がアメリカのキャンパスにも大きな衝撃を与えたことを、いまでも覚えています）。私のような日本人学生にとっては、アメリカの力、民主主義、そして技術的進歩の源泉に身をおき、彼らから学べることは、胸が躍るような体験でした。

幼少期、外交官だった父の転任にともない、八年間をアメリカと中国で過ごしました。二つの大戦の間、家族は軍国主義に傾倒していく母国日本に批判的であり、それが私に大きな影響を与えました。その姿勢は、特に、曾祖父の犬養毅首相が軍部によって一九三二年に暗殺されてから一層強くなりました。そして必然的に、第二次世界大戦を引き起こした原因を追及したいという動機から学究の道に入る戦後世代の日本人歴史学者や政治学者の一人に、私も加わることになりました。

特に興味をもって研究したのは、日本がアジアで拡張政策に乗り出し、戦争、そしてやがて敗北へと導かれた原因でした。ですから日本に帰国してからは東京大学で政治外交史の研究に専念し、まもなく一九三〇年代初期の満州における日本の外交政策の形成過程についての博士論文をまとめました。アジア国際政治への関心、特に日米中関係への関心は八〇年代までずっと続きました。私の学究期間の中でも最も鮮明に覚えているのは日本とアメリカの学者たちの驚くべき協力でした。研究や執筆を共同ですることは知的交流であっただけでなく――それによってドロシー・ボーグ、岡本俊平共編著 *"Pearl Harbour As History"*（細谷千博・斎藤真・今井清一・蠟山道雄編『日米関係史　開戦に至る十年　一九三一～四一年』全四巻　東京大学出版会、の英語版）などといった名著が生まれました――強い友情を育み、両国を結ぶ原動力となったのです。

＊＊＊

冷戦下、日本との同盟はアメリカの安全保障構築の中で主要な要素となっていました。したがって、冷戦のほぼ全体にわたって日米関係はきわめて緊密でした。もちろんベトナム戦争やその後の中国との和解は両国間の大きな政治的問題でありましたし、日本の左派勢力はアメリカとの同盟に反対していました。しかし日米両政府の関係は強固なものであり続けました。日本にとってその時期は急速な「奇跡的」経済成長を遂げた時期であります——フランスやドイツの二倍、アメリカの三倍のスピードです。国内の生活水準は向上しました。日本の企業経営は賞賛され、研究され、そして模倣されるまでになりました。

日本経済の絶頂期、政府はその外交政策を戦後の国際主義者的・平和主義者的姿勢に基づいて行っていました。福田赳《たけ》夫《お》首相・中曾根康弘首相やその後継者たちによって提唱された「国際貢献」は、海外開発援助への相当な増加という形で反映されました。そして今の私の任務に近いところで言えば、日本は一九七九年以来、一万人ものインドシナ難民を受け入れており、これは日本の歴史上前例のない出来事です。

八〇年代後半には、日本はアメリカの最大の債権国となり、日米関係の大きな転換点となりました。日本がアメリカの国債を購入しはじめ、ハワイの多くの不動産を買収し、ニューヨークの象徴であるロックフェラー・センターまでをも買収すると、第二次世界大戦以来初めて、日本は脅威として見なされていくようになります。この時期にアメリカで出版された、たくさんの書物がその傾向を示しています。たとえばエズラ・ヴォーゲルの『ジャパン・アズ・ナンバーワン』というような書物が思い浮かびます。日本のビジネス・モデルを評価し模倣することは流行しなくなります。やがて、勤勉で貯蓄好きな日本人への賞賛は、偏狭で柔軟性のない日本型経営への軽蔑《けいべつ》へと変わっていきます。そしてアメリカは、日本が世界の財政的負担を十分に負わないことを批判しはじめました。

このことが今度は日本の中での反発を引き起こしました。国家主義的で傲慢な雰囲気が再び漂いはじめたのです。その危機のポイントは一九九〇年から九一年にかけての湾岸危機でした。日本の石油輸入の七〇%が湾岸地域からのものであったにもかかわらず、「砂漠の嵐」作戦に日本は軍隊を派遣する用意がありませんでした。このことは、海外、特にアメリカから見ると、日本が再び応分の負担をする気がないように映ったのかもしれません。日本では憲法上の論議を含むたくさんの議論が交わされ、たしかに対応が遅かったことは事実です。しかし最終的には増税がなされ、この「砂漠の嵐」作戦に一三〇億ドルもの拠出をしたのです（これは開発援助の年間予算を上回ります）。これは実際、相当な拠出だったのですが、日本が貢献を迫られたわりには、この大きな努力に対する国際的な評価は、少なくとも日本人の目からすれば、あまりに少ないものでした。

この湾岸危機の経験をへて、日本はもう一つ「国際主義者的な」姿勢を示します。一九九二年に「国連平和維持活動協力法案」を通過させたのです。その直後あらわれた結果としては、アンゴラにはじまる選挙監視員の派遣、UNTAC（国連カンボジア暫定機構）、ゴラン高原におけるUNIFIL（国連レバノン暫定軍）を支援するための自衛隊派遣などが挙げられます。一九九四年には旧ザイールのゴマにも自衛隊が派遣され、ルワンダからの大量難民発生という緊急事態に対応するためにUNHCR（国連難民高等弁務官事務所）やその他の人道援助機関の支援にあたりました。これらはすべて、前例のない自衛隊の出動であり、間違いなく日本の外交政策の画期的な進展をあらわしています。しかしながらその任務は、非軍事的な平和主義を信奉する根強い世論を反映して、慎重に限定的に定められていることを、指摘しておかなければならないでしょう。

＊＊＊

私自身の視点の変遷に戻らせていただきます。一九六八年に始まり、私は国連総会やその他さまざまなフォーラムの日本代表をつとめてきました。この間、ニューヨークでは三年半にわたり日本政府国連代表部の公使をつとめました。自国がますます国際社会に深く関わっていくのを直に目撃することができたのです。当時、アメリカと日本の国連における立場は近いものでしたが、それぞれの関心の対象は異なっていました。たとえば、中東とパレスチナ問題などはいい例でしょう。冷戦が終結に向かうにつれ、国際関係はより複雑になり、堅固な枠組みは崩壊していきました。国連の政治も、多様な国家利益や二国間の利益を反映した同盟の移り変わりによって動くようになり、多国間主義が後退したために、世界が直面する問題を解決できなくなってきたのです。

湾岸戦争の危機が頂点に達していたころの一九九一年、私は国連難民高等弁務官に選出されました。冷戦の終結が難民問題を解決する、少なくとも大幅に減少するであろうという予測はまったく外れてしまいました。

私の初めての現場の任務は四月。一〇〇万人を超えるクルド人が避難したトルコ、イランを訪問し、イラク北部間の山岳地帯をヘリコプターで視察することで始まりました。現代史上最も短期間に発生した大量出国です。湾岸危機は人道・難民支援の大きな転換点となりました。紛争の犠牲者や大量難民への物質援助に新たな面を映し出しただけでなく、政治的活動と人道支援がどのように相互作用するかという点を新たに浮き彫りにしました。クルド人難民発生後、大規模な危機がすぐに続きました。旧ユーゴの内戦では何百万人もの市民が国内避難民となり、中央アフリカの大湖地域でまた新たに勃発《ぼっぱつ》した大量虐殺は、ブルンジやルワンダから何百万人もの人の流出を引き起こしました。最近で言えば、コソボやシエラレオネの紛争は、冷戦後の混乱は移行期の一過性の出来事にすぎない、という希望を打ち砕いてしまいました。何かが根本的に変わってしまったのです。人道活動は、冷戦下でのように、政治的・軍事的紛争の後方にある派生的なものではなくなってしまったのです。イラク北部、ソマリア、ルワンダ、旧ザイールやボスニア、現在でもコソボやシエラレオネ、アフガニスタンでは、人道活動は紛争のまっただ中で展開され、中心的な役割を担うものとなっています。そのため人道活動に従事する人々は、紛争の犠牲となる市民と同様の危険にさらされるようになりました。そして紛争の中核にまで関わることになり、しばしば知らないうちに紛争を長引かせる方便となったり、武装集団の非力な人質となってしまっているのです。

人道活動はそれが効果的であるためには、早急な政治的解決を必要とします。それまで世界を支配していたイデオロギーによる分裂に代わって、さまざまな国家の利益が縦横に交差する冷戦後の状況では、政治的な力が紛争の解決にはますます不可欠なものとなっています。にもかかわらず政治力を集結することがますます困難になってきているのです。

今日のさまざまな危機のほとんどは、国際的な協力体制を築き、グローバルなリーダーシップを行使するのではなく、その場しのぎの理念と利害によって、対処されています。たとえば私どもの事務所での仕事を挙げてみましょう。暴力や紛争から逃れてくる何百万人という市民や、非常に脆弱《ぜいじゃく》な和平の中で家庭や生活を再建しようとしている人々を、保護し支援しています。しかしそれらの活動は、難民が難民でなくなるように、無事に家に帰ってそれぞれの地域社会で平和に暮らせるような環境をつくってあげられるかどうかにすべてがかかっています。多くの場合、このような環境をつくるためにさまざまな手段が検討されます。そこには、まず第一に政治的支援、さらに物質的・経済的支援、ときには軍事的支援も含まれます。包括的で周到な準備による政治的解決に基づかなくてはなりません。ボスニアやコソボはこのような努力をもって対応されている例であり、アメリカのリーダーシップによるところが大きいと言えます。しかしアメリカは、一九九三年のソマリアの軍事介入に失敗して以来、政治的解決の糸口をつかむために地上部隊を派遣したり国連平和維持軍を承認することに慎重になっています。アフガニスタン、アンゴラ、南スーダン、シエラレオネなどといった危機の場合には、そのような指導力が発揮されることはなく、罪のない人々が苦しみ、死に続けているのです。

＊＊＊

さきほど申し上げましたように、この五四年間、日本は国際社会の意義ある一員であろうと多大な努力をしてきました。ヨーロッパ人やアメリカ人から見たら、これはごく当たり前のことのように思われるかもしれません。しかし、日本の島国ゆえの特性、日本の「孤独」とも言えるでしょうか——そんな日本をよく知っている人からすれば、けっして当たり前のことではありません。特に、そもそも国際社会のよき一員になろうとする出発点そのものが、戦争での完全な敗北から始まっていることを考えれば、日本の努力はなみなみならぬものであるということがわかるでしょう。

歴史の非常に微妙な転換点にあるいま、日本がこの道を踏襲していくことは必要不可欠であると私は思います。国際社会への貢献はさらに強調されるべきですし、「国際主義」は日本の外交政策の最優先目標の一つであるべきです。手遅れにならないうちに、日本はその内向的・国家主義的傾向、船橋洋一氏が言うところの「不況外交政策」をやめるべきです。現在の経済の停滞が続く限り、このような傾向に陥りがちかもしれませんが、日本の国民は自分たちの経済のみならず、日本の政治的・安全保障上の利害もすべてグローバルなところにその基礎があることを忘れてはならないのです。日本はこの何十年、日本にとっては好都合でオープンな国際環境から恩恵をこうむってきました。今、この国際主義的な姿勢を支持し続けなくてはなりません。政策指針はグローバルなスタンスを再確認し、国民のコンセンサスを得るべく積極的に訴えかけなくてはなりません。

もう一つ私が憂慮しているのは、国際的リーダーシップを取ろうとするアメリカ政府の責任感が後退しているのではないかという点です。多くの顕著な例外を除けば、選出されている議員や、アメリカ政府、メディア、民間団体などの姿勢と関心事は、一般的にどんどん内向きになっています。広い意味での国際的リーダーシップに関与するよりも、むしろ国内の政治問題、しかもその多くは選挙区に限定された議題に終始していることがしばしばあります。こうした状況の下で、国連へのアメリカ拠出金の不払いは非常に深刻な問題であり、国連の組織そのものの存在意義に暗い影を落としています。さらに重要なことは、このことが、国際機関に対する関心の低下の反映であると受け取られていることです。

この問題の根本的原因を、私はけっして過小評価するつもりはありませんし、特にアメリカ指導部や社会のある一部が、国連で決定的な影響力を行使できないことへの根本的ないらだちを感じていることも承知しています。しかしアメリカは、今日、再び国際主義者であることを選択せねばなりません。いままでのあらゆる歴史的に重要な転換点で、アメリカは常に国際主義を選択してきたことを忘れてはなりません。そう選択することによって真のグローバルなリーダーシップを発揮してきたのです――それゆえ全世界の何百万もの人々が平和で自由で相対的に豊かに暮らすことができたのです。私は今日、アメリカが再び国際主義の立場をとるという選択をするなら、そして私はそうするであろうと願っていますが、アメリカは国連に積極的に関与していくことを目に見える形で示さなければなりません。そうでないかぎり、国際世論の支持を得るのは難しいでしょう。

アメリカが取る方向性は、アメリカの緊密な同盟国――日本ももちろんこの中に含まれます――に大きな影響を与えるでしょう。日本に対するアメリカの関心が減少しているように思われることを私は大変心配しております。アジアの地政学上での日本の重要性そのものが後退しているというようにとらえられるのです。昨年のクリントン大統領の九日間にわたる訪中は、まるで日本を通過して中国に関心が集中しているかのようにとらえられました。この印象は特に中国・アメリカ両政府が日本の財政政策に対する批判を表明したことによって、さらに強調されてしまいました。まさに今日の日本は、世界的な大不況を引き起こすリスクを負っている国としてますます見られてしまっています。

ここで私の話の出発点に戻りましょう。私たちは常に日米の「関係」について話しますが、考えるべきは日米の「責務」なのです。戦後、慎重に両国の間に育まれた関係、広範な経済的・社会的・民主主義的ルーツを考えるべきなのです。さきほども申し上げましたように、私たち多くの日本人がアメリカに学びに来たとき、私たちが後にした日本は、戦争から立ち上がろうとしていながらも、目の前に新たに発見した世界を積極的に受け入れようとするエネルギーがあふれていました。私たちの前には、自由かつ民主主義的で、まさに世界的リーダーシップを発揮して獲得した、普遍的な価値観の出発点と、それを具現化したものがあったのです。さまざまな違いにもかかわらず、日本の大志と可能性、そして、アメリカの成果と力には密接な関係があったのです。その密接な関係の根底には、あらゆる分野――政治的・経済的・社会的・文化的――において、外向きの国際主義者的姿勢があったのです。

しかしいま、日米の二国間で、また両国と世界の国々との関係において、その姿勢が薄らいでいるのではないかと私は懸念しています。このことは私たち全員にとっての憂慮すべき問題であります――もし国家主義者的、孤立主義者的な傾向が続けば、これまでの努力は無駄になってしまいます。今日の国際主義は、世界中の多様な発展と文化的価値を積極的に認め合うことを基本としなければなりません。こうしたアプローチには、互いに補完し合う二つの側面が必要です。すなわち、対外的には開発途上国に向かっていかなくてはなりません。そして国内的には、社会の最も弱い者たち、特にマイノリティや移民・難民に向かわなくてはなりません。豊かで安全で、民主主義的価値観にのっとった、包括的国際社会の実現に向かわなくてはならないのです。

最後に、日本とアメリカは戦後に存在したような、ともに世界の課題に取り組んでいくという気概を、もう一度取り戻さなくてはなりません。日米両国の緊密な関係は、国際システムの基幹をなすものであり得ますし、またそうあり続けなければなりません。その国際システムとは、互いを尊重し合い、異なる社会や文化の価値を高め、民主主義的価値観に基づき、すべての人に平和と豊かさがもたらされるようなシステム、まさに国連の創始者たちが国際機関の理想として掲げたものなのです。

そしてこのようなシステムが、次の世紀に国際主義を再燃させる明確なイニシアチブを導き出してくれるかもしれません。最後に一つの提案で締めくくらせてください。日米両国がこのようなイニシアチブを形成するにあたって、人道主義がその明確な基盤になり得るかもしれないということです。難民やその他の恵まれない人々に向けて世界的な連帯を築くべく、共同で人道主義的課題に取り組もうではありませんか。

私どもの事務所は、いつでもそれに応じる用意ができています。

ご清聴ありがとうございました。

原文のタイトルは"Japan, the United States and Myself : Global Challenges and Responsibilities"。英文はUNHCRジュネーブ本部のウェブサイト http://www.unhcr.ch/ で公開されている。訳・編集部。

あとがき

二〇〇〇年の秋、初めてジュネーブへの取材に旅立つ前に、かつて緒方さんのアシスタントをしていた斉藤千香子さんがこんな知恵を授けてくださった。

「緒方先生はね、まじめで、ウソのつけない人です。発言には慎重だけれど、こちらがよく調べてきちんと的を絞って聞けば正直に答えてくれると思います。準備不足で大まかな聞き方をすると失敗しますよ。あとは、どう乗せるかがポイントです」

私は、とにかく片端から資料を集めて目を通すことにした。

緒方さんに関する過去の番組や記事・文献類をデータベースで検索すると、おびただしい量がヒットした。なにしろ一〇年分である。しかし、そうした情報の海を泳ぎ回っても、どこに視点を置くべきなのか、なかなか自分の足場が定まらない。やはり相当の周辺取材をしないとだめだ。私は自分の準備不足に焦りを感じながら、体当たりを決め込んで飛行機に乗った。

それから三年近くが過ぎた。いくつかの番組を経て、取材の結果をこうして一冊の本にまとめる機会に恵まれたことは嬉しい。その成否は読者諸賢に判断していただくしかないが、この小著によって、私自身が当初感じていた戸惑いに少しは答えが出せたかもしれない。あとは、やがて世に出る緒方さん自身の「回顧録」を、読者の方々とともに楽しみに待ちたい。なお本書に盛られた見解は筆者個人のものであり、筆者の属する組織とは関係のないことを、あらかじめお断りしておきたい。

本書を執筆するまでには本当に多くの方々にお世話になった。まず、忙しい時間をさいて取材に応じてくださった緒方さんほか関係者のみなさん。取材や資料収集に便宜を図っていただいたＵＮＨＣＲの下澤祥子さん、篠原万希子さん、浅羽俊一郎さん。人間の安全保障委員会事務局の田瀬和夫さん。番組制作から出版まで強力なサポートをしてくださった日本国連ＨＣＲ協会の中村恵さん。英語版を含め、取材や番組制作そして議論をともにした先輩や同僚、そしてスタッフの方々。とりわけ、ヨーロッパ各地での取材を可能にしてくれた里信邦子さん、ボスニア取材を担当してくれた同僚の岩田真治君、ＮＨＫスペシャル制作時のプロデューサーであり、本書の原稿にも目を通し激励してくださった永田浩三さん。また、集英社新書編集部の清川桂美さんが、私たちの番組を見て出版を勧めてくださらなければ本書が世に出ることはなかった。記してお礼を申し上げます。

そして最後に、妻と子どもたちへ。貴重な休日にいつも部屋に籠もっていて申し訳ない。辛抱強く待ってくれて、どうもありがとう。

二〇〇三年四月末日　　　　　　東野　真

参考文献（刊行年順）

緒方貞子『満州事変と政策の形成過程』原書房　一九六六年
緒方貞子『国連からの視点　「国際社会と日本」を考える』朝日イブニングニュース社　一九八〇年
緒方貞子『戦後日中・米中関係』東京大学出版会　一九九二年
UNHCR国連難民高等弁務官事務所編『世界難民白書　難民保護へのチャレンジ』読売新聞社　一九九四年
緒方貞子『難民つくらぬ世界へ』岩波書店（岩波ブックレット）　一九九六年
UNHCR国連難民高等弁務官事務所編『世界難民白書1995　解決をもとめて』読売新聞社　一九九六年
UNHCR国連難民高等弁務官事務所編『世界難民白書1997/98　人道行動の課題』読売新聞社　一九九七年
上坂冬子『時代に挑戦した女たち』文藝春秋（文春文庫）　一九九七年
UNHCR国連難民高等弁務官事務所編『世界難民白書2000　人道行動の50年史』時事通信社　二〇〇一年
山本芳幸『カブール・ノート　戦争しか知らない子どもたち』幻冬舎　二〇〇一年
最上敏樹『人道的介入』岩波書店　二〇〇一年
NHK出版編『〝アメリカ，ズ・ウォー〟と世界　NHK報道の100日間』日本放送出版協会　二〇〇一年
千田善『なぜ戦争は終わらないか　ユーゴ問題で民族・紛争・国際政治を考える』みすず書房　二〇〇二年

酒井啓子『イラクとアメリカ』岩波書店　二〇〇二年
川端清隆『アフガニスタン　国連和平活動と地域紛争』みすず書房　二〇〇二年
緒方貞子『私の仕事』草思社　二〇〇二年

（雑誌・海外）
ＵＮＨＣＲニュース「難民Refugees」ＵＮＨＣＲ日本・韓国地域事務所編
Rebecca Mae Salokar and Mary L.Volcansek "Women in Law : A Bio-Bibliographical Sourcebook" Greenwood Press, 1996

（インターネット）
ＵＮＨＣＲジュネーブ本部　http://www.unhcr.ch/（英語）
最新の統計やニュース、各地の情勢、緒方さんの過去のスピーチなど、情報の宝庫。
ＵＮＨＣＲ日本・韓国地域事務所　http://www.unhcr.or.jp/（日本語）
主要なデータやニュースなど、難民問題やＵＮＨＣＲについての基礎情報を日本語で入手できる。
日本国連ＨＣＲ協会　http://www.japanforunhcr.org/（日本語）
ＵＮＨＣＲに対する寄付の受付、口座情報など。
人間の安全保障委員会　http://www.humansecurity-chs.org/（英語および日本語）
緒方さんや他の委員の講演、最終報告書などを読むことができる。

本書は、ＮＨＫの下記３本のテレビ番組をベースに、書き下ろしています。

ＮＨＫスペシャル
「**難民と歩んだ10年～緒方貞子・国連難民高等弁務官～**」
（2001年１月20日　総合テレビ）

資料提供	UNHCR　国連映像資料ライブラリー 聖心女子大学　Georgetown University Archives 毎日新聞社　ABCNEWSビデオソース BBC TV　ITNアーカイブ／ロイターズ　CNN　ITN EVN　APTN　KBC フィリップ・モリヨン　ジム・マーシャル 中満　泉　大野洋子
海外リサーチ	里信邦子　冨永正明　ジェーン・タッカー 大林桂子　リネ・ヴァレン　ウィンチ小村啓子
国内リサーチ	吉見直人　坂井ひとえ
翻訳	大谷純子　宮智麻里　松山果包　岡島アルマ
ＣＧ	スタジオエル
語り	濱中博久
声の出演	81プロデュース
撮影	一廼穂秀高　高橋哲朗
音声	山崎正幸　小関　孝　蛭川和貴
映像技術	小林　悟
音響効果	小野さおり
編集	吉田秋一
構成	東野　真　岩田真治
デスク	長井　暁
制作統括	永田浩三

ＥＴＶ２００１
「テロはなぜ生まれるのか　緒方貞子ニューヨークで語る」
（2001年10月22日　教育テレビ）

資料提供	ABCNEWSビデオソース　UNHCR ITNアーカイブ／ロイターズ　APTN
語り	長谷川勝彦
撮影	米山　敦
映像技術	片山　春
音声	安原嘉平
音響効果	三瓶智秋
編集	鈴木良子
構成	東野　真
制作統括	河内秀則

ＥＴＶ２００２
「テロ後　世界はどこへ向かうのか　第２回アフガン復興への道」
（2002年１月８日　教育テレビ）

キャスター	高島肇久
インタビュー	国谷裕子
資料提供	ABCNEWSビデオソース　UNHCR ITNアーカイブ／ロイターズ
語り	長谷川勝彦
声の出演	81プロデュース
撮影	西脇芳紀　西沢伸一
音声	窪田　隆　猿田茂一
照明	岸本　廣
音響効果	三瓶智秋
編集	森山一清
構成	上田和子　東野　真
制作統括	小出由美子

UNHCR

緒方貞子（おがた　さだこ）

一九二七年、東京生まれ。聖心女子大学文学部卒業後、アメリカに留学し、ジョージタウン大学で国際関係論修士号を、カリフォルニア大学バークレー校で政治学博士号を取得。学位論文『満州事変と政策の形成過程』はアメリカ、次いで日本で出版され（原書房）高く評価された。聖心女子大学および国際基督教大学非常勤講師（六五〜七四年）、国際基督教大学準教授（七四〜七九年）を経て、八〇年、上智大学教授に就任。同大学国際関係研究所長、外国語学部長をつとめた。この間、七六年に日本初の女性国連公使となり、特命全権公使（七八〜七九年。ユニセフ執行理事会議長を兼任）、国連人権委員会日本政府代表（八二〜八五年）を歴任。九〇年の国連総会で第八代国連難民高等弁務官に選出され、二〇〇〇年末まで一〇年にわたりその重責を担った。人道分野における卓越した貢献が高く評価され、「ユネスコ平和賞」「マグサイサイ賞」など内外で数多く受賞。米ハーバード大学や英オックスフォード大学などから、名誉学位を授与された。〇一年より「人間の安全保障委員会」の共同議長、アフガニスタン支援日本政府代表をつとめ、なおも精力的な活動を続けている。フォード財団の招聘を受けてニューヨークで大部な回顧録を英文で執筆、帰国したばかり。著作に『戦後日中・米中関係』（東大出版会）、『私の仕事』（草思社）など多数。

東野　真（ひがしの　まこと）

一九六五年生まれ。八七年、東京大学文学部卒業後、ＮＨＫ入局。広島放送局、教育番組ディレクター等を経て、社会情報番組チーフ・プロデューサー。二〇〇一年制作のＮＨＫスペシャル「難民と歩んだ10年～緒方貞子・国連難民高等弁務官」などで、ＮＨＫは国連報道賞最優秀賞を、また「テロはなぜ生まれるのか～緒方貞子　ニューヨークで語る」でギャラクシー奨励賞を受賞。著書に『昭和天皇二つの「独白録」』（ＮＨＫ出版）がある。

緒方貞子《おがたさだこ》――難民支援《なんみんしえん》の現場《げんば》から

集英社新書〇一九九A

二〇〇三年六月二二日　第一刷発行

著者……東野《ひがしの》　真《まこと》

発行者……谷山尚義

発行所……株式会社集英社

東京都千代田区一ツ橋二-五-一〇　郵便番号一〇一-八〇五〇

電話　〇三-三二三〇-六三九一（編集部）
〇三-三二三〇-六三九三（販売部）
〇三-三二三〇-六〇八〇（制作部）

装幀……原　研哉

印刷所……凸版印刷株式会社

製本所……加藤製本株式会社

定価はカバーに表示してあります。

ISBN 4-08-720199-6 C0231

Printed in Japan

a pilot of wisdom